MAMAN, PAS L'HÔPITAL !

JEANNE-MARIE PRÉFAUT

MAMAN, PAS L'HÔPITAL !

ROBERT LAFFONT

ISBN 2-221-08362-8

L'auteur tient à remercier
Jean-Daniel Baltassat
pour son aide
et ses judicieux conseils.

À Sophie

PRÉAMBULE

Le 21 février 1996, la cour d'assises de l'Hérault m'a condamnée à cinq années de prison avec sursis pour avoir donné la mort à ma fille Sophie, ma Sophie.

Elle avait vingt-trois ans. Elle était autiste. Sa souffrance fut extrême, de plus en plus inhumaine. Rien, aucune médication, ne put l'adoucir. Lors de ses crises, chaque fois plus longues et terrifiantes, aucun établissement, qu'il soit public ou privé, ne fut capable de lui apporter le moindre soulagement, ni même susceptible de lui offrir un accueil digne et humain. Au contraire, on peut très sérieusement considérer que le traitement qu'elle dut subir pendant quatre mois au pavillon 20 a pu aggraver sa souffrance. Bien que l'on sache depuis plusieurs années qu'elle ne les supportait pas, les traitements neuroleptiques ont été poursuivis, entraînant des effets paradoxaux sévères qui la faisaient régresser et accroissaient son angoisse.

Hasard du calendrier, six mois après sa mort, le pavillon 20 a été détruit. Les malades les plus en difficulté furent répartis dans d'autres pavillons et des unités de soins extérieurs créées. Au quotidien, la prise en charge des malades autistes a alors évolué sensiblement. Mais il n'en reste pas moins que rien n'est encore prévu à ce jour pour l'accueil des adultes en crises aiguës. Dans ces cas-là, alors que les malades et leurs familles vivent une effroyable descente aux enfers, les seules réponses restent l'enfermement et la camisole chimique.

Il y a aujourd'hui en France au moins 40 000 autistes atteints à des degrés divers. Tandis que la pédopsychiatrie met tout en œuvre pour offrir un accompagnement décent et humain aux enfants accablés par cette maladie, il semble que la plupart des hôpitaux obéissent encore, face aux adultes, à des « thérapeutiques » archaïques et, hélas, bien loin du respect et de la simple dignité que sont en droit d'attendre malades et familles.

Pour moi, la Justice est passée, clémente. Cependant, jusqu'à la fin de mes jours je porterai le poids et la responsabilité de mon geste. Jusqu'à la fin de mon existence, si libre puisse-t-elle apparaître, l'absence de Sophie fera de moi une meurtrière. Si elle ne souffre plus, son sourire manquera cruellement à tous ceux qui l'ont aimée. Rien ne s'efface et rien ne s'oublie.

Je voudrais au moins que ce livre, témoin fidèle de cette épreuve sans nom, permette d'ouvrir une réflexion qui conduise enfin vers une solution à la prise en charge des autistes adultes au quotidien et, surtout, en temps de crise.

Si ce témoignage pouvait ébranler l'indifférence, la méconnaissance et la routine qui enferment toujours un peu plus les autistes et leurs familles dans leur calvaire, alors la souffrance de Sophie et sa mort n'auront pas été tout à fait inutiles.

PREMIÈRE PARTIE

Sophie

1

Sophie naît le 25 février 1971 à Montpellier. Mon mari est médecin et je suis institutrice. Nous n'avons pas trente ans et c'est notre quatrième fille.

Nous avons ardemment désiré ce bébé qui, dès les premiers jours, emplit la maison de vie. En robe de coton rayé, rouge et blanc, elle gigote sans cesse dans son petit lit à barreaux, babille, joyeuse et vive. Elle sourit. Et quel sourire ! Ses yeux verts, attentifs, brillent à chaque découverte du monde qui l'entoure. Dès que l'on s'approche d'elle, elle tend les bras, agrippe tout ce qui passe à sa portée. Un bébé adorable, facile à vivre et toujours content...

Vers neuf ou dix mois elle commence à marcher, très normalement. Mais bientôt son comportement change. Elle se réveille soudain toutes les nuits à deux heures du matin. Malgré mes baisers et mes caresses elle ne parvient pas à se rendormir. Pourquoi ? Impossible de le comprendre. Mais les enfants, on le sait bien, sont des énigmes vivantes, et pour l'instant rien n'est vraiment alarmant.

À dix-huit mois elle commence à parler, apprend et prononce quelques mots. Puis plus rien. En même temps, elle devient de plus en plus turbulente et agressive. Elle n'écoute aucune remontrance, n'intègre aucun interdit, les bêtises se multiplient.

« Quelques fessées lui feraient certainement du bien ! » me dit la pédiatre qui m'imagine trop laxiste.

Mais bientôt, à l'école maternelle, l'institutrice remarque son manque d'attention et sa difficulté à communiquer. Sophie ne parle presque plus. Durant plusieurs mois, elle est suivie par des orthophonistes qui tentent de « réveiller son langage », puisqu'elle a déjà marmonné, ébauché quelques mots. En vain. Mais aucun de ces praticiens ne semble soupçonner un problème d'origine psychologique.

La première à prononcer le mot est une collègue, son institutrice, qui me dit un jour :

« Je crois que votre fille souffre d'un problème psychique grave. »

Elle me conseille d'emmener Sophie chez un psychiatre.

J'hésite. À l'époque, en 1975, psychiatrie et psychanalyse sont loin d'être banalisées comme aujourd'hui. De plus, mon mari, pneumologue et scientifique concret, s'en défie. Mais le comportement de Sophie m'inquiète trop et je finis par me décider. Un matin, je franchis la porte d'un cabinet de pédopsychiatrie.

Sophie a quatre ans. L'entretien ne dure qu'un quart d'heure, entrecoupé par ses bêtises. Le diagnostic me paraît sommaire :

« Ah, mais vous avez fait là un véritable petit sauvage ! » me dit-on.

Viendront plus tard quelques conseils que je suivrai mais qui me semblent peu convaincants.

Sophie, toutefois, est régulièrement suivie. Bientôt,

de sa propre volonté, un changement intervient. D'elle-même, elle quitte le cabinet de sa thérapeute et se jette littéralement dans les bras d'une de ses collègues, psychanalyste, Mme Boyer. Un vrai choix de sa part, peut-être la reconnaissance instinctive d'un être qui pourrait l'aider. Pendant près de vingt ans, jusqu'à sa propre mort, cette femme attentive, persuasive et toujours positive ne nous abandonnera jamais.

À cette époque j'enseigne dans une institution privée. Les classes de la maternelle, du primaire et du collège s'y côtoient. Ainsi, pendant plusieurs années, j'ai la possibilité et la chance de rencontrer chaque jour les maîtresses qui s'occupent de Sophie. Ensemble, nous essayons de comprendre et de trouver les réponses appropriées à son comportement, ses brusques retraits, son agressivité soudaine, son mutisme...

Hélas, les premières années s'avèrent déjà insuffisantes pour développer chez Sophie les acquis habituels d'une maternelle. Nous convenons de lui faire suivre une maternelle « d'attente »... Puis une seconde... Et c'est le rejet.

Parents et enfants ne supportent plus cette fillette trop turbulente et pas comme les autres. Sophie arrive et repart de l'école en hurlant, elle ne sait communiquer qu'avec une agressivité qui perturbe sans cesse les heures de classe comme les récréations.

Pendant les vacances de Toussaint 1977, il me faut donc chercher un autre établissement pour notre petite fille. Trouver l'institution et l'institutrice capable de comprendre ma Sophie s'avère vite un véritable parcours du combattant. Qui sera assez sensible, patient et généreux pour l'accepter telle qu'elle est, avec sa différence et ses difficultés ? Qui, surtout, saura la faire accepter par les autres enfants ?

Angoissée, je déploie toute mon énergie. Je questionne toutes mes connaissances et finis par découvrir Mme Floure. Elle enseigne dans une école de quartier très éloignée de chez nous, mais qu'importe.

Pendant deux années, Sophie va se mêler aux enfants d'une grande section de maternelle et du cours préparatoire qui sont, par chance, jumelés. Ses dessins ne correspondent toujours pas à ceux que l'on peut attendre d'elle pour ses sept ou huit ans. Malgré tout, ses coloriages sont vifs et gais et les petits bonshommes qu'elle ébauche commencent à se structurer.

De maternelle d'attente en maternelle d'attente, d'un cours préparatoire à l'autre, Sophie grandit et atteint sa dixième année. Elle ne lit toujours pas, n'écrit pas. Elle couvre ses cahiers d'une multitude obsédante de barres et de ronds. Elle reste difficile, agressive, presque muette. Pourtant, un jour, elle recopie sur une feuille de papier un mot écrit au tableau : « MAMAN ». Une autre fois, alors que nous traversons un village en voiture, à ma grande surprise, je l'entends lire à haute voix sur une banderole : *C'est la fête...*

Mais les journées de classe sont trop longues pour elle qui paraît vite ne s'intéresser à rien. Ensuite, à la maison, les cris et les bêtises se succèdent comme s'il lui fallait se débarrasser d'un poids insupportable. L'heure du coucher devient de plus en plus problématique. Elle ne parvient que difficilement à s'endormir et bientôt je ne sais que faire.

Mme Boyer me suggère alors d'aménager autrement son emploi du temps pour la prochaine année scolaire.

Le matin, elle pourrait rester avec moi à la maison et aller suivre un cours élémentaire l'après-midi...

« Sophie est vive et intelligente, me dit-elle. Ne vous fiez pas aux apparences. Elle semble distraite, on dirait que rien ne la concerne ni ne l'intéresse... Mais qui vous dit qu'elle n'entend pas et n'enregistre pas ce qui se passe autour d'elle ? Nous n'en savons rien. Il faut continuer, lui permettre d'engranger des connaissances. Un jour, vous verrez, tout cela ressortira... »

J'ai un peu de mal à la croire, mais c'est un pari que je suis prête à assumer.

Je me mets en disponibilité pour l'année scolaire 1981-1982. Et j'invente mille et une astuces pédagogiques pour « engranger » avec ma Sophie sans en avoir l'air. C'est un véritable programme scolaire que je bâtis et que je respecte à la lettre. La géographie et les sciences naturelles en sont les pivots. Je voudrais éveiller sa curiosité et son sens de l'observation. Nous enregistrons chacune de ses découvertes sur un petit panneau installé dans la cuisine.

Parallèlement, je voudrais développer son autonomie. Chaque matin j'essaye de lui apprendre à se brosser les dents avec ce qu'il faut de dentifrice, prendre un bain, se coiffer... Puis préparer la table du petit déjeuner.

Hélas, j'ai beau « engranger » avec tout l'amour et la patience dont je suis capable, ma Sophie n'évolue guère. Elle s'intéresse à ce que nous faisons, mais son agressivité et ses cris explosent toujours à la moindre contrariété. Elle ne se brosse les dents que d'un côté de la bouche et ne parvient à se coiffer que d'un côté aussi. Parfois, il lui est impossible de sortir les bols du lave-vaisselle. Nous en sommes toujours à l'écriture avec modèle : je trace les lettres en pointillés et elle repasse dessus.

Malgré tout, elle est un peu plus sociable. C'est aussi une belle fillette de douze ans, espiègle et attachante. Encadré par ses couettes bouclées, son regard est malicieux. Elle tente de prendre sa place dans la famille, entre ses sœurs et nous. Et quelle place !

Ses aînées, Cathy, Marie-Annick et Pascale, l'aiment telle qu'elle est, avec ses cris, ses fureurs, sa manie de briser, renverser, casser, mais aussi avec sa tendresse, ses câlins accompagnés d'un sourire lumineux. Patricia, sa cadette de deux ans, apprend à vivre et à grandir avec elle, à se protéger de sa violence et sait fort bien, par bonheur, réclamer sa part d'amour, de tendresse et d'attention. Mais elle sait aussi, du haut de ses huit ans, jouer avec Sophie, déployant une patience d'ange, la maternant et la protégeant s'il le faut.

À cette époque, Sophie s'exprime à peu près convenablement. Cependant, il est impossible de lui imposer un véritable dialogue. Elle n'utilise les phrases et les mots que lorsqu'elle ne peut faire autrement, lorsqu'elle en a un impérieux besoin et surtout dans ses élans de tendresse :

« Maman tu m'aimes ? Tu m'aimeras toujours ? »

Au-delà de deux répliques, le mutisme revient. Ses phrases sont courtes, répétitives et souvent interrogatives :

« Elle est où Patricia ?

— À l'école, ma chérie.

— Elle est à l'école, Patricia ?

— Oui, Sophie, tu le sais.

— Alors elle travaille, Patricia ?... »

Et cela peut recommencer un instant plus tard...

Je me rends bien compte à quel point elle monopolise mon attention au détriment de ses sœurs. Pascale a quatre ans de plus que Sophie. C'est une adolescente secrète, souvent enfermée dans sa chambre avec un livre. Les deux aînées, Cathy et Marie-Annick, me secondent de leur mieux. Le retour de l'école est toujours difficile et pénible. C'est l'instant où Sophie, par ses cris perçants, se libère des innombrables échecs qu'elle a vécus dans la journée. Sa propre conscience de sa différence devient plus aiguë. À mesure qu'elle s'accroît se développent aussi une angoisse et une souffrance qu'elle ne peut évacuer que par des comportements aberrants et violents.

Son père l'adore. Mais son travail, sa carrière sont pour lui très importants et l'accaparent. Il est alors médecin hospitalier et veut obtenir une agrégation de physiologie. Malgré son désir, il ne peut lui accorder autant de temps et de présence qu'il le voudrait.

Pour moi, cette année de disponibilité s'avère cependant bien meilleure que les autres. Mais je vis un profond malaise. Je sais que je donne tout à Sophie. Je suis consciente de ne pas consacrer assez de temps et d'attention à ses sœurs. Et je m'en sens coupable. Je tente de les écouter de mon mieux... Mais je suis toujours occupée par autre chose. Dès que je le peux, je les prends dans mes bras, les cajole, les assure de mon amour...

Plus tard, absorbée par l'attention qu'exige Sophie, par mes cours au collège, les préparations, les copies à corriger et le poids de cette famille de sept personnes dont il faut bien organiser le quotidien, je ne serai plus maîtresse de mon temps ni de ma vie. Mais surtout, après tant de maternelles et de primaires, après tant d'efforts de sa part, il faut admettre la réalité : Sophie ne sera jamais une enfant comme les autres...

Mme Boyer me suggère, afin de préserver l'équilibre de chacun de nous, de trouver un établissement spécialisé pour Sophie. J'ai du mal à m'y résoudre. Notre première séparation, pour elle comme pour nous tous, m'attriste et m'effraye.

Sophie est accueillie, « placée », à l'internat de l'école des Oliviers, un établissement de Montpellier vers lequel sont dirigés des enfants en grande difficulté scolaire. Le personnel y est à l'évidence chaleureux et gentil. Mais il n'empêche. Dès le premier jour j'ai l'impression de perdre ma petite fille. Un détail, une demande presque anodine, matérialise pour moi toute ma répulsion de cette séparation : il me faut donner le carnet de vaccinations de Sophie.

« C'est l'institution où votre enfant est placée qui doit désormais gérer sa vie », me dit-on.

Le terme même, le terme « placée », me révulse, tant il implique pour moi de connotation matérielle, de distance et d'abandon : la négation même de tout ce que fut, jusqu'alors, notre relation à Sophie.

Oui, j'ai l'impression de perdre ma Sophie. Certes, elle est « placée pour son bien », parce qu'il est convenu que ces enfants fragiles, plus fragiles et plus sensibles que les autres, doivent être séparés de leur mère pour mieux grandir...

Oui, mais à l'évidence ma fille souffre terriblement de ce « placement », et nous tous, sa famille, souffrons avec elle. Elle revient avec nous chaque fin de semaine. Plus un mot, plus un sourire. Sitôt dans la voiture elle commence à se tirer les cheveux. Si cruellement et si désespérément que le dimanche soir je les retrouve par touffes dans toutes les pièces de la maison.

Nous faisons connaissance avec l'emploi des premiers neuroleptiques. De faibles doses, qui ne perturbent pas encore Sophie mais ne lui apportent guère de paix.

Commence alors pour son père et pour moi une litanie d'inquiétudes non formulées, de questionnements sans réponses. Pendant des années il nous a fallu faire le deuil d'une vie « normale », des sorties, des lectures, des petits plaisirs au quotidien. Mais aujourd'hui, il faut se priver du sourire lumineux et des espiègleries de Sophie. C'est bien pire. C'est autrement intolérable. Et cette morne première année de séparation et d'internat se dissout aux rythmes des ronds et des barres dont Sophie à nouveau recouvre ses cahiers. Elle y perd son sourire et ses deux couettes bouclées qu'il faut lui couper court afin qu'elle ne puisse plus arracher ses cheveux.

Les « bienfaits » de la séparation sont si peu convaincants que la seconde année aux Oliviers ne sera qu'un demi-internat. Sophie se détend lentement, retrouve parfois le sourire.

Les ronds et les barres se succèdent toujours, mais l'institutrice titulaire du poste, Mme Césari, en congé de maternité lors de la première année, est de retour. Sophie semble l'apprécier. Les premiers mois s'écoulent sans trop de difficultés. Puis, soudain, un nouveau problème surgit.

À l'approche de Pâques, Sophie se met à mouiller son lit. Dans la journée, il lui arrive de faire ses besoins sur elle. C'est une réaction nouvelle et très angoissante pour nous. Je ne comprends pas et me sens totalement perdue.

En juin seulement, puisque la pratique des Oliviers veut avant tout responsabiliser les enfants et que cela passe s'il le faut par l'ignorance et l'éloignement des parents, nous aurons la réponse. Nous sommes convoqués par Mme Césari.

« J'ai demandé à Sophie la permission de vous informer de ce qui se passe depuis Pâques, nous dit-elle. Au mois d'avril, elle a recopié au tableau : *La voiture est rouge*. Je me suis ainsi aperçue qu'elle savait lire et écrire. Je lui ai alors proposé des exercices de plus en plus ardus et, en deux mois, nous avons effectué des tests de niveau allant du cours préparatoire à l'entrée en sixième. Tout est parfait. Ses dictées ne contiennent pas une faute, elle sait effectuer des divisions très difficiles et avec virgules. Elle résout des problèmes à l'aide de la règle de trois ainsi que ceux contenant deux inconnues... »

Je pleure de joie. Christian, profondément ému, se redresse, fier de sa fille. Enfin !...

Tout nous paraît soudain gagné. Dans notre société, le plus important n'est-il pas, pour réussir une vie, d'obtenir d'abord la réussite scolaire ?

« Cependant, poursuit Mme Césari, Sophie ne s'autorise pas encore à lire à haute voix. Et pour l'inciter à écrire, je dois doucement poser ma main sur la sienne... »

Dès notre retour à la maison, tandis que son père feuillette les cahiers de Sophie, témoins incontestables de son intelligence et de ses connaissances, je n'ai qu'une hâte :

« Sophie, Mme Césari nous a raconté tes progrès. Nous sommes si heureux, tu sais... »

Elle sourit, se dandine d'un pied sur l'autre.

« Veux-tu me montrer comment tu écris ?... »

Pas de refus. Nous allons ensemble chercher du papier et un crayon. Je dicte quelques mots, pose doucement ma main sur la sienne... et le miracle se produit ! Les mots apparaissent, écrits avec application !

Mais où donc a-t-elle appris tout ce qu'elle sait ? Elle qui n'a été scolarisée que jusqu'au cours élémentaire pendant une année... et de plus à mi-temps ?

Mme Boyer, sa thérapeute, a donc eu raison. Elle avait vu juste. Sophie « engrangeait » des connaissances alors que nous l'imaginions le moins, alors que personne ne s'occupait d'elle. Par exemple, pendant que je faisais travailler Patricia, aujourd'hui en cinquième. Ou lorsque je donnais des cours particuliers le mercredi : Sophie était alors toujours près de moi. Elle intégrait muettement les programmes de CM de français ou de mathématiques ! Et nous qui la croyions incapable d'aller au-delà des barres et des ronds...

Brutalement, nous mesurons ce qu'ont dû être ses souffrances. Sophie est intelligente, sans doute d'une intelligence aiguë. Mais depuis ses premières années de maternelle, en raison de son comportement, les autres enfants la traitent volontiers d'idiote, de folle ou de débile. Patricia d'ailleurs affirme depuis toujours que Sophie comprend les mots méchants qu'on lui adresse :

« Je le vois dans ses yeux, maman ! »

Et l'inébranlable foi de Mme Boyer, cette phrase sans cesse répétée :

« Sophie est vive, intelligente, elle semble ne s'intéresser à rien, mais qui vous dit qu'elle n'entend pas, ne comprend pas ?... »

Tout à notre joie, nous n'entendons ni les mises en garde de Mme Césari ni celles de Mme Boyer. Pourtant l'une et l'autre nous invitent à la prudence :

« Attention, Sophie s'est beaucoup dévoilée. Jusqu'à aujourd'hui elle s'est interdit le bonheur d'être comme tout le monde. Elle a, en quelque sorte, violé ses propres défenses. Elle s'est mise en danger. Il est probable qu'elle devra douloureusement payer cet écart. »

Nous devrions ignorer, peut-être, cet événement. Mais la tentation de la « normalité » est trop forte. Devant notre enthousiasme, Sophie se tait, sourit... Hélas, elle a déjà trop donné. La petite fenêtre qu'elle a ouverte l'a beaucoup perturbée. L'été qui suit est terrible.

Sophie ne parle plus. Après quelques semaines d'un calme effrayant, elle devient extrêmement agitée. Elle crie, hurle, se sauve, se précipite droit devant elle, se déshabille n'importe où. Vers le 15 août commence une véritable régression. Elle devient énurétique, boit au biberon...

J'appelle Mme Boyer au secours.

« Laissez-la faire, me dit-elle. Maternez-la, prenez-la dans vos bras. N'hésitez pas à agir avec elle comme vous le feriez avec un bébé. C'est son désir. Elle a besoin de renaître avec sa maman à côté d'elle pour la protéger. Faites ce qu'elle vous demande. Il n'y a que vous qui puissiez l'accompagner dans cette renaissance... »

Alors, avec l'aide de Mme Boyer toujours présente au téléphone, je prends en charge cette première crise de Sophie. Elle va durer quinze jours.

Marie-Annick vient de libérer sa chambre, la « chambre bleue ». Comme sa sœur aînée, elle s'éloigne de la maison et commence sa vie de femme.

Cette « chambre bleue » va se peupler de terrifiants souvenirs. Je m'y enferme avec Sophie pendant cinq nuits. Cinq nuits pendant lesquelles je guette son sommeil qui jamais ne vient. Je la caresse, la serre dans mes bras, la berce pendant des heures et lui donne le sein comme à un bébé. Les journées sont sans fin. Sophie court dans la maison, sans but, elle saccage, crie, se heurte aux meubles au risque de se blesser...

Alors que Christian et Patricia remettent de l'ordre dans la maison, je l'emmène en voiture pour faire des kilomètres et des kilomètres, pour l'apaiser, l'endormir par le bruit du moteur et l'espace confiné qui la réconforte. Mais jamais elle ne parvient vraiment au sommeil et c'est moi qui m'effondre sur le volant.

Pendant toute la durée de cette crise, Patricia est la seule à pouvoir la distraire et à me libérer ainsi pendant quelques instants. Je lui promets alors, en retour, d'être toute à elle pendant trois jours, lorsque Sophie ira mieux...

Une nuit, Sophie marmonne enfin quelques mots.

« Maman, pourquoi on m'a réveillée, pourquoi tu m'as réveillée ? »

Je comprends ce qu'elle veut dire : pourquoi l'a-t-on sortie de sa léthargie, de son monde clos ?

Je parviens à la conduire chez Mme Boyer. Elle commence à former un bonhomme en pâte à modeler. Mais aussitôt elle l'émiette, le détruit furieusement, en jette les débris à travers la pièce.

« Elle nous montre comment elle se voit aujourd'hui, dit Mme Boyer. Émiettée, éparpillée. Il faut recoller les morceaux. Mais ne perdez pas confiance, nous y arriverons ! »

Et c'est vrai. Sophie sort de cette première crise comme on se relève d'une terrible fièvre : épuisée, mais souriante. Certes, elle n'est pas devenue soudain « normale », comme l'espérait Patricia, mais elle redevient la Sophie mystérieuse et espiègle « d'avant ». Elle a réintégré son monde clos et secret, ne communiquant toujours que par petites phrases brèves, interrogatives, à la manière d'une enfant débile. Mais désormais nous savons qu'elle ne l'est pas. Bien au contraire.

Reste que nous ne savons plus très bien quoi faire de cette intelligence. À quoi bon emmagasiner des connaissances si cela plonge Sophie dans une telle détresse, dans cette folie furieuse ?

Sa petite phrase, *Maman, pourquoi tu m'as réveillée ?* , reste fichée en moi comme un dard. Ne devrions-nous pas la laisser somnoler dans sa prison intime ? Nous nous sentons coupables et si peu capables de comprendre ce qui arrive à notre enfant !

Comment savoir ce qui peut être bien ou mal, bon ou mauvais pour Sophie ? Est-il possible de renoncer à tout espoir d'avenir pour elle alors que nous la savons maintenant, à sa manière, aussi capable qu'une autre enfant ? Pourquoi baisser les bras ? Le mieux n'est-il pas d'oublier au plus vite l'horreur de cette crise et d'espérer à nouveau ?

À la rentrée, Sophie retrouve la classe de Mme Césari qui cette fois lui fait « engranger » le programme de sixième. Sans doute avons-nous pris la bonne décision. Tout se passe bien. Sa relation avec son institutrice est excellente. Sophie devient une belle adolescente, mince, élégante. Personne ne peut, d'un simple regard et sans la connaître vraiment, deviner ses difficultés, sa « différence ».

Nous, nous apprenons à réfréner notre enthousiasme, à ne pas nous extasier à chaque nouvelle acquisition. Pourtant, Sophie se comporte presque comme n'importe quelle autre jeune fille, ses écarts sont plus rares. Des activités inimaginables un an auparavant deviennent possibles.

Elle rejoint les Jeannettes, part en week-end dans la forêt, dort sous la tente... Pendant les vacances de Pâques, main dans la main avec Patricia, elle apprend à faire du ski. Certes, elle ne respecte pas toujours les règles dans les jeux, se montre un peu bizarre, de temps en temps agressive. Mais pas assez pour que les inconnus ne lui donnent pas du « mademoiselle ». Elle ne répond pas toujours aux questions et, à la maison, continue de ne se brosser les cheveux que d'un côté, refuse toujours de se laver seule. Mais elle s'ouvre à la vie. Patricia et ses amies prennent l'habitude de sortir avec elle et, pendant l'été, nous nous permettons, en famille, un voyage jusqu'en Belgique...

Alors, en septembre, pourquoi ne pas tenter le collège, une entrée en classe de cinquième comme auditrice libre ? Elle aura bientôt quinze ans, elle n'a plus l'âge de suivre les cours de Mme Césari. Il nous faut trouver un nouvel arrangement. Je suggère une solution médiane : Sophie assisterait aux cours et écouterait, et je l'accompagnerais dans son travail écrit à la maison...

Le collège accepte cette proposition qui semble aussi convenir à Sophie. J'ai quarante et un ans, mais je prends ma retraite anticipée pour pouvoir la suivre plus facilement.

La rentrée a lieu et jamais je n'ai vu Sophie si heureuse. Elle est calme et détendue. Sa poitrine commence à poindre, elle se redresse fièrement... Son père l'accompagne chaque matin et lorsque je viens la chercher, elle m'attend avec ses camarades devant la porte du collège, son sac sur le dos, un sourire merveilleux illuminant son visage.

Pendant les cours, elle reste silencieuse. Ses camarades l'entourent avec une vraie gentillesse, lui recopient les leçons qu'elle rate, rangent ses affaires dans son cartable lorsqu'elle n'y parvient pas... Ses professeurs doutent qu'elle apprenne quoi que ce soit. S'il y a un contrôle, elle sort une copie et sagement la couvre de gribouillis. Cependant, l'après-midi, je vois sous sa main qu'elle « engrange » bel et bien. Mais je me tais, je reste complice de ce secret. Une fois pourtant, pendant un cours de géométrie, après n'avoir pu obtenir parmi ses camarades aucune bonne réponse à un problème, l'enseignante l'interroge... Sophie, tout à trac, donne la solution. Toute la classe l'applaudit. Hélas !

Sophie ne peut assumer tant de « normalité » bien longtemps. Début décembre elle s'effondre. La seconde crise commence, plus grave, plus dangereuse et plus longue que la première.

En deux mois, devenue atrocement boulimique, Sophie grossit de vingt kilos. Dans toute la maison la nourriture doit être cachée et enfermée. Les repas deviennent des tortures. Il nous est bientôt impossible de manger en famille : Sophie, incapable de se retenir, avale tout ce qu'il y a dans les assiettes sans prendre le temps de respirer. Les filles et Christian doivent se cacher pour prendre leurs repas pendant que je détourne son attention. Si un paquet de farine traîne, elle est capable de l'avaler au risque de s'étouffer...

Elle nous entraîne avec elle dans son gouffre. Nous sommes épuisés. Christian arpente le couloir de long en large, silencieux, et quelquefois s'enferme dans son bureau pour trouver un peu de paix. Sophie l'a frappé sur la tête, il en est bouleversé. Les filles m'aident. Elles font tout leur possible mais combien de temps pourront-elles supporter une pareille existence, défaite, pathétique, où elles disparaissent au profit d'une Sophie de plus en plus perdue ?

L'agressivité et la violence de Sophie deviennent dangereuses pour elle et parfois pour nous. Mme Boyer est toujours aussi présente. Elle nous déconseille l'hospitalisation. Mais en mars, nous n'en pouvons plus. Mon mari prend rendez-vous avec le professeur A., patron du service de pédopsychiatrie. Il voit Sophie et propose de la prendre dans son service.

Tout nous y encourage, notre épuisement, mais aussi l'humanité du Pr A., l'apparence presque champêtre de l'hôpital, avec ses pavillons bas, de plain-pied dans la pinède, entourés d'un enclos avec poules et lapins... Les éducateurs aussi semblent motivés et heureux de travailler avec les patients. Nous acceptons.

Très entourée, Sophie passe le printemps 1987 dans cet hôpital en demi-internat. Son angoisse diminue, sa boulimie régresse. Un jour, elle retrouve le sourire en nous voyant. À l'approche de l'été, elle sort et nous partons pour Mandagout, dans les Cévennes.

Mandagout est une petite maison de pierres sèches, acquise en ruine en 1974, sans eau ni électricité. À l'époque, nous n'avons en réalité acheté que des murs et un toit, inconscients des travaux qu'il faudrait réaliser pour la rendre habitable. Mais c'est un coup de cœur qui nous attire vers ces vieilles pierres, ce hameau de cinq ou six maisons dominant la vallée, face au village et à son lointain clocher ! Tout nous séduit. Le coin de l'âtre, la minuscule fenêtre donnant au printemps sur les cerisiers en fleur, les très vieilles poutres de châtaigniers : des troncs bruts et centenaires sans doute mais toujours valides ; et puis aussi les caves voûtées, le jardin en terrasse... Toute une mémoire et une vie sont enracinées là et il nous appartient désormais de les faire revivre.

Aussitôt, mon intellectuel de mari retrousse ses manches, achète force livres de bricolage et, bientôt, maçonnerie, menuiserie, électricité, plomberie n'ont plus de secret pour lui. Des années durant, chaque week-end et aux vacances, Mandagout devient un havre et une ruche. Tous ensemble nous redonnons vie à ce bel espace. Nous qui manquons de racines, nous trouvons enfin les nôtres. Les filles adorent bricoler, et Christian, qui a trop peu de temps à leur accorder pendant la semaine, partage avec elles bien des instants de bonheur et de complicité...

Sophie a trois ans lorsque nous achetons Mandagout. En quelques jours elle séduit de vieux voisins que leur bonté et leur tendresse ont préparés à accueillir cette petite fille câline, souriante mais petit diable plus souvent qu'à son tour. Pour elle, « Pépé Fernand » et « Mémé Olga » deviendront des grands-parents de substitution. Il y a aussi ce jeune couple d'éducateurs, Mireille et Bernard, et leurs trois enfants, qui prennent très vite l'habitude d'accueillir une Sophie toujours gourmande des gâteries qu'ils lui offrent.

Dans ces premières années, Sophie et Patricia, encore fillettes, jouent avec les enfants du hameau, alors que nous travaillons à la maison. Elles disparaissent pendant des heures et ne reviennent que pour les repas, le goûter et la douche, passent des journées sur la terrasse ombragée de Mémé Olga ou devant la porte de Mme Belloc, les accompagnant même pendant leurs promenades au milieu des châtaigniers et sur les rochers surplombant la route de La Queyrolle.

À chacune de ces vacances, Sophie est comme « tirée vers le haut » par sa sœur et ses camarades qui l'acceptent telle qu'elle est, avec ses bizarreries. Elle grandit, littéralement. Elle parle un peu plus et, par-dessus tout, vit avec bonheur une vraie vie d'enfant. Cependant, dès que s'approchent septembre et l'époque de la rentrée, dès qu'elle sent qu'avec l'école elle va redevenir une petite fille « pas comme les autres », l'inquiétude, l'angoisse reviennent. Son comportement change...

Aujourd'hui, à peine arrivée, Sophie disparaît. Deux heures plus tard nous la retrouvons sous un grand saule en compagnie d'Olga et de Fernand.

Il en sera ainsi pendant tout le mois de juillet 1987. Sophie s'échappe, maraude chez les voisins qui la surveillent du coin de l'œil. En août elle va mieux, mais elle reste loin de la Sophie qui suivait, sage et silencieuse, les cours de cinquième. Elle est désormais le plus souvent incapable d'accomplir une tâche élémentaire. Il nous faut prendre une décision pour la rentrée prochaine. Nous faisons le choix d'un Institut médico-pédagogique (IMP).

C'est un choix par défaut et impuissance. Les adolescents qui l'entourent sont, pour la plupart, incapables d'écrire ou de compter, mais accomplissent des tâches élémentaires : mettre en sachet des élastiques, empaqueter des gommettes... Très précisément ce que Sophie ne parvient pas, ou ne s'autorise pas à faire.

Quoi qu'il en soit, son angoisse revient. Elle s'agite de plus en plus et, à Noël, spécialisé ou pas, l'IMP ne peut la garder. C'est l'amorce de la troisième crise. Elle sera plus terrible que les deux premières et beaucoup plus longue : un an et demi de calvaire.

Pendant plusieurs nuits il lui est impossible de dormir et elle reste très agitée dans la journée. Par chance, ses sœurs sont en vacances loin de la maison, seul Christian reste avec moi. Je m'enferme avec Sophie dans la « chambre bleue », me couche contre elle, la caresse, lui parle... En vain. Elle ne m'entend plus. Quand il n'est plus possible de la maintenir enfermée, nous partons tous les trois sur les routes, dans la nuit, et ne revenons qu'au petit matin. La nuit du nouvel an 1988, sa violence, sa douleur sont insupportables. Elle hurle et il nous semble totalement inhumain de la laisser s'enfoncer ainsi dans l'horreur. Mais qui appeler à l'aide alors que la France entière réveillonne ?

Christian lui fait finalement une piqûre, un cocktail terrassant de neuroleptiques que nous a conseillé depuis Paris un ami psychiatre. Sophie s'effondre brutalement, abrutie pour quelques heures par cette fausse paix chimique. Ce premier emploi des drogues pour la maîtriser nous fait honte. Il est, déjà, tellement la preuve de notre impuissance.

Le lendemain, Patricia est de retour. Parce qu'elle est la cadette et qu'il lui faut bien vivre avec nous, elle va aussi partager ces horribles et indicibles moments, assister impuissante à la déchéance de sa sœur qui va et vient sans fin dans la maison, passe d'une pièce à l'autre, titube d'un canapé à l'autre, hagarde, à quatre pattes quand elle ne peut plus se tenir debout...

À cause des vacances, le personnel de pédopsychiatrie qui s'est occupé de Sophie au printemps précédent n'est pas joignable. Nous décidons de la faire admettre à l'hôpital en urgence. Ce n'est qu'un pantin désarticulé que les infirmiers emportent dans un fauteuil roulant.

Une semaine plus tard, elle semble avoir assez récupéré pour revenir à la maison. Mais trois jours après cette sortie, c'est la rechute. En pleine nuit, nous joignons l'établissement de pédopsychiatrie. Elle y est admise immédiatement et aussitôt entourée d'une formidable gentillesse.

Durant six jours, elle ne parvient jamais à dormir plus de dix minutes d'affilée. Mais à aucun moment on ne la laisse seule. Elle passe la nuit dans la salle de séjour où un éducateur lui parle et l'écoute. Un matelas est placé au sol afin qu'elle puisse s'y affaler à n'importe quel instant, au comble de l'épuisement. Sophie tourne et tourne autour de la personne qui la veille et lorsqu'enfin elle s'abat sur sa couche, il vient près d'elle et la recouvre doucement...

Durant ces journées de cauchemar, le Pr A. nous reçoit longuement. Pour la première fois, certains mots sont prononcés et la maladie est nommée :

« Votre fille est autiste. »

Sur le coup, ce diagnostic n'éveille en nous aucune peur particulière. Quelles souffrances pourraient être pires que celles qu'endure Sophie en cet instant même ? La vie pourrait-elle infliger quelque chose de plus abominable et de plus injuste à un enfant ? Le nom n'y change rien.

Mais un peu plus tard, cherchant à comprendre ce qui se cache derrière le mot, nous apprenons que l'autisme est une maladie encore mal connue, effrayante, et très rarement guérissable. Lorsque Christian demande au Pr A. pourquoi on a attendu si longtemps avant de nous informer de ce diagnostic, il répond en murmurant :

« Parce qu'il faut beaucoup de courage pour asséner cela à des parents. »

Alors que je lui pose la même question, Mme Boyer me dira aussi :

« À quoi cela aurait-il servi de vous le dire il y a quinze ans ? C'est une étiquette terrible, elle ne laisse aucune place à l'espoir. S'il y avait une infime chance pour que votre Sophie s'en sorte, il fallait absolument que vous portiez vous-même cet espoir... Vous aviez besoin d'espérer et de croire pour aider Sophie comme vous l'avez fait. »

Je lui en sais gré. Sans doute avait-elle raison. L'autisme est effectivement une maladie qui accorde peu d'espérance. Il est très difficile de comprendre ce qui se passe dans le monde d'un autiste et, aujourd'hui encore, les causes de cette maladie restent l'objet de débats et de spéculations parfois contradictoires.

Il n'y a pas « un » autisme, mais « des » autismes. Les enfants commencent par présenter des troubles de comportement et de communication, variables selon la gravité des cas. Leur intelligence n'est pas en cause, mais ils vivent une rupture avec le monde extérieur. Dès lors, ils se comportent comme si aucun échange n'était possible et cela aboutit à un repli sur soi qui peut, dans certains cas, devenir absolu.

Selon les témoignages de certains autistes parvenus à parler de leur maladie, ils semblent être incapables de hiérarchiser leurs perceptions. En conséquence, ils sont menacés d'un permanent chaos. Le monde extérieur, images, faits, mouvements, informations, bruits..., tout est perçu avec une importance équivalente, sans ordre intelligible et cela se rue sur eux avec une force inouïe. Les mots prononcés, par exemple, sont vécus *comme un train de marchandise déboulant sur vous à toute vitesse*, dit une malade « socialisée » [1]. Un imaginaire délirant et menaçant prend le relais de cette absence d'ordre et de sens, suscitant de formidables crises d'angoisse et des terreurs sans nom... *J'ai peur tout simplement de ces choses qui sont aussi inoffensives que des maisons* [2]..., écrit Birger Sellin.

Tandis que le réel n'est plus qu'une menace, les autistes doivent alors se protéger par un bouclier de gestes répétitifs, de phrases ou mots compulsifs (écholalies) qui, seuls, peuvent leur apporter sécurité et apaisement. Toute communication, tout changement brutal de l'environnement ou des rythmes deviennent une faille dans cette défense hermétique et engendrent à nouveau terreurs et menaces du chaos...

Ainsi, incapables d'interpréter le comportement de leur entourage parce qu'il n'a *aucun sens* pour eux, prisonniers d'un univers négatif et fantasmagorique incommunicable, les autistes s'enferment dans un

1. Donna Williams, *Si on me touche, je n'existe plus*, Robert Laffont, 1992, « coll. Vécu ».
2. Birger Sellin, *Une âme prisonnière*, Robert Laffont.

mutisme plus ou moins absolu (au moins un autiste sur trois reste muet). Le regard absent, fuyant, accomplissant jusqu'à l'épuisement des gestes mécaniques, stéréotypés, fortement ritualisés, ils se « dissimulent » derrière un ordre apparemment absurde, infantile et obsédant mais qui les sécurise.

Après ce silence, l'angoisse soudaine, la terreur vont provoquer des cris, une violence qui va parfois jusqu'à l'automutilation. Quelques-uns connaissent le lent apprentissage de l'autonomie et une possible intégration à la vie « normale » avec le soutien de leur famille et dans des conditions thérapeutiques et pédagogiques appropriées. Ces « guérisons » sont, hélas, des exceptions. La plupart des autistes s'enferment de plus en plus loin dans une souffrance opaque, sans issue, rompant tous les ponts avec leur environnement. La solitude est alors ressentie comme absolue : *C'est pour cette raison que j'aspire souvent à la mort car je suis seul dans ma solitude*[1], écrit Birger Sellin, un jeune autiste allemand parvenu à communiquer avec son entourage par l'intermédiaire d'un ordinateur. Il se définit lui-même comme un *être-sans-soi venant du royaume des personnages obscurs (...) un homme-singe non dressé* subissant *des profondeurs d'une bizarre centrale de commandement intérieur purulente habilité (...) des ordres de folies acides comme du vinaigre* qui l'obligent à mener une existence *coffrée (...) dans une caisse-à-personne*. Et lorsque l'angoisse le prend, il doit hurler car *un pauvre soi-disant Birger ne connaît pas d'autres moyens pour arracher l'angoisse de son âme*. Et cette angoisse dont il souffre le plus *est celle*

1. Birger Sellin, *Une âme prisonnière*, *op. cit.*

de savoir comment je peux survivre une journée je consolide les heures glacées...

Le cas de Birger Sellin renouvelle bien des idées reçues sur l'autisme et prouve que ces êtres déchirés, aux comportements aberrants, sont souvent d'une très grande sensibilité et d'une intelligence vive et subtile [1]. Malgré leurs comportements infantiles et leur faible socialisation, certains autistes font preuve d'une activité intellectuelle hors du commun. Birger Sellin en est un exemple stupéfiant dans le domaine littéraire. Mais d'autres possèdent des capacités remarquables en mathématiques, ce qui autrefois, et non sans mépris, les faisait qualifier d'« idiots savants ». En réalité, nombre d'autistes, à l'image de Sophie, apprennent à lire et à écrire sans même que leur entourage s'en aperçoive. Et sans doute, pour leur malheur, ont-ils pour la plupart, comme en témoigne Birger Sellin, une conscience aiguë de leur inextricable situation.

Mais la diversité de la maladie, l'incompréhension de ses causes s'opposent encore à une thérapeutique efficace, même si aujourd'hui les recherches s'intensifient. Désormais, le diagnostic de l'autisme est fait plus tôt, souvent avant l'âge d'un an et une prise en charge thérapeutique et psychologique immédiate, un environnement attentif et propice permettent à ces enfants d'atteindre quelquefois une certaine autonomie et un début de socialisation. C'est un réel espoir.

1. Bien qu'ayant découvert les textes de B. Sellin après la mort de Sophie, je me permets de citer certaines de ses expressions ou de ses remarques dans la suite de ce livre, lorsqu'elles semblent faire écho au comportement de Sophie et à la perception que nous en avions.

En cette terrible année 1988, Sophie a dix-sept ans. Elle sait lire et écrire mais elle est incapable de se servir de ce savoir. Elle est probablement très intelligente, mais cette intelligence semble la terrifier. Nous l'avons tellement « tirée » vers le monde extérieur, normal, qu'elle s'est presque socialisée. Mais, au lieu de lui apporter un réconfort, une confiance en elle ou un sentiment de sécurité, cela lui a simplement permis de prendre plus encore conscience de sa différence... Au bout du compte, c'est la souffrance qui la ravage. Une douleur qui dépasse l'entendement et dévaste sa vie.

Alors que faire désormais ? Que faire pour la soulager ? Où trouver une issue pour notre enfant ?

Sophie reste dix-huit mois dans ce service de pédopsychiatrie. Durant les six premiers mois, il nous est impossible de l'en sortir, même pour un après-midi. Nous pouvons seulement venir la voir. C'est à chaque fois une douleur supplémentaire de la savoir nuit et jour au contact de la douleur violente des autres enfants — certains sont en permanence casqués car ils se frappent la tête contre les murs, d'autres ont les mains liés dans le dos — Nous savons qu'au fond de son puits elle demeure sensible et impressionnable.

Mais les soins prodigués dans ce service sont aussi humains et attentifs qu'on peut l'espérer. Pas de somnifères, pas de portes fermées à clef. Pour Sophie comme pour les autres malades, l'équipe du Pr A. évite de recourir à l'abrutissement des neuroleptiques. Il y a toujours, le soir, un matelas dans le salon pour qu'elle puisse s'y allonger lorsque la fatigue la terrasse. Elle ne s'y repose que de brefs instants puis reprend sa déambulation, toujours prisonnière de son monde clos, peuplé de démons.

Ici, on tente de soigner les malades par une thérapie du quotidien, un projet éducatif « à la carte », selon les possibilités des uns et des autres. Cuisine, cheval, piscine, jardinage ou ménage, chacun a son programme d'activités quotidiennes et les éducateurs essaient de le respecter. C'est une démarche lente, exigeant beaucoup de patience et de dévouement. Chez les autistes, l'angoisse qui engendre leur agitation forcenée finit ainsi souvent par se calmer. Hélas, pour Sophie, cette thérapeutique reste sans effet.

Entrée dans le service courant janvier, en mars elle continue à s'agiter et à hurler comme au plus fort de la crise. J'en arrive moi-même à supplier qu'on lui donne des neuroleptiques :

« Je vous en prie, soulagez-la ! Faites n'importe quoi, mais soulagez-la ! »

Phrase dont je mesurerai la stupidité quelques années plus tard lorsque Sophie entrera en psychiatrie adulte et y sera aussitôt abrutie de médicaments. Je regretterai alors la méthode douce et scrupuleuse du Pr A.

Au début de l'été son état s'améliore enfin un peu. Il nous est possible d'aller nous promener avec elle le samedi après-midi. Mais comme elle continue de se mettre nue n'importe où et à n'importe quel moment, nous évitons la ville qu'elle aime pourtant. Nous avons déniché à Carnon, au bord du canal un chemin à l'abri des regards où elle peut se déshabiller sans risque. Bientôt nous pouvons la prendre avec nous pour le week-end. Mais cela demeure éprouvant car son agressivité reste forte. Parfois, pendant que nous roulons en voiture, assise à côté d'elle sur la banquette arrière, je dois lui tenir les mains pour qu'elle ne rende pas la conduite de son père impossible. Et puis, en prenant un peu de son agressivité sur moi, c'est comme si, traversée par sa douleur, je prenais un peu de sa souffrance à mon compte...

Son calme revient peu à peu. Chaque week-end nous guettons ses progrès. À certains moments, quelque chose qui ressemble au bonheur n'est pas très loin de nous. Les aînées de Sophie ont formé des couples. Nous prenons l'habitude de nous retrouver tous ensemble le dimanche dans la maison de Saint-Clément. Sophie se montre parfois très attentive à ces jeunes hommes. Elle a dix-huit ans, un corps de femme. De temps à autre un sourire enjôleur témoigne qu'elle en a parfaitement conscience. Nous rions beaucoup... Mais à vrai dire, on apprend très tôt à rire dans les familles où se trouve un enfant handicapé. Les larmes sont un luxe que ne peuvent s'offrir que ceux qui ne connaissent pas le malheur permanent.

Désormais, il est impossible que Sophie revienne à la maison pour de longues périodes. Notre fille est adulte, et il faut, nous explique-t-on, nous préparer tous ensemble à une séparation définitive. Si j'en comprends bien la nécessité, cela ne soulage en rien ni mon appréhension, ni ma douleur, ni ma difficulté à assumer cette nouvelle rupture. Avec l'aide de Mme Boyer, je parviens à m'y résoudre.

Par l'intermédiaire de la pédopsychiatrie nous avons eu connaissance du Centre d'aide par le travail (CAT) de La Pradelle, dans les Cévennes. La Pradelle est spécialisée dans l'accueil des autistes. Ceux qui en sont capables travaillent aux cuisines de l'hôtel-restaurant ouvert au public. D'autres dressent les tables, font le service... Ils touchent un salaire. Pour ceux qui sont plus en difficulté, existe un « foyer occupationnel ». Les tâches sont alors plus élémentaires : désherbage, ramassage du bois... Le foyer d'hébergement est à cinq kilomètres du lieu de travail, dans le village de l'Estréchure, afin que ces jeunes ne soient pas tenus à l'écart de la vie sociale ordinaire. Midi et soir, ils rejoignent ainsi la maison commune. Le cadre en est agréable. Chaque pensionnaire peut y retrouver un peu d'indépendance dans une chambre individuelle décorée selon ses goûts. Une vaste salle de séjour commune permet les veillées, et, dans ce lieu de vie, les éducateurs tentent de développer l'autonomie de chacun en même temps qu'une atmosphère familiale. D'autre part, ce centre est aussi conçu pour pouvoir garder ses pensionnaires sans limite d'âge.

Nous faisons très vite une demande, expédions les dossiers. Pendant des semaines nous vivons dans l'espoir que Sophie trouve une place à La Pradelle et qu'un jour, peut-être, elle puisse y être capable d'un vrai travail. Si elle s'y autorise...

C'est durant cette période que nous faisons connaissance de l'association Sésame-autisme. Jusque-là, nous étions seuls à affronter ce mal. Désormais nous pourrons au moins partager nos soucis et nos expériences, échanger nos espoirs et nos craintes.

Un matin nous recevons le courrier tant attendu. Le directeur du centre nous donne rendez-vous pour un entretien le 26 novembre. Dès qu'elle l'apprend, Sophie va mieux. Nous préparons ensemble, sur une carte, notre itinéraire. La Pradelle est à une dizaine de kilomètres de Saint-Jean-du-Gard. Une belle route sinueuse nous attend. Et nous sommes séduits aussitôt par le site. L'hôtel et les bâtiments annexes s'étagent sur les terrasses, les « bancels » comme on dit ici. Au creux de la vallée, les eaux du Gardon ronronnent. Tout est si paisible...

Lors de l'entretien, le directeur du centre et le psychiatre interrogent Sophie en la vouvoyant : une marque de respect qui nous touche. La décision est assez rapide. Sophie entrera à La Pradelle dans trois mois, en février 1990.

C'est seulement alors que je prends vraiment conscience des propos du directeur du centre pendant notre entrevue :

« Si votre fille entre chez nous, elle sortira au début tous les week-ends, puis toutes les deux semaines et enfin, si tout va bien, un seul week-end par mois. Il faut maintenant qu'elle ait sa propre vie et vous la vôtre... »

La mienne ? Mais la mienne, depuis dix-neuf ans, se confondait avec celle de Sophie ! Et depuis 1985, depuis que j'ai pris cette retraite anticipée, elle n'en était pas devenue plus riche ou plus libre. Non par faute de temps, en vérité, mais par inconscience que ma vie puisse être « autre chose ». Pendant l'hospitalisation de Sophie, j'avais eu des semaines d'inactivité. Mais comment m'aurait-il été possible d'ouvrir un livre, de peindre ou de voyager alors que notre enfant était claquemurée dans une souffrance insupportable ? Puisqu'elle n'avait pas vraiment pu grandir, Sophie était, dans mon esprit, restée un nouveau-né sans défense. Sans cesse elle éveille en moi les sentiments maternels les plus élémentaires, la plus fruste volonté de la protéger, de la caresser. Et voilà qu'on m'assure soudain qu'elle va se détacher de moi, prendre son autonomie... C'est de la douleur à nouveau que je ressens ! J'ai beau me répéter que c'est évidemment bien pour elle, salvateur peut-être, c'est une nouvelle blessure. Un peu honteuse celle-ci. Encore une fois, j'appelle Mme Boyer au secours et elle me réconforte :

« Pourquoi Sophie n'aurait-elle pas droit, elle aussi, à sa vie de femme ? Vos autres filles ne se sont-elles pas éloignées de vous, avec leurs amours et leurs projets ? Vous croyez Sophie incapable d'avoir son existence propre mais... Qui sait si elle ne vous surprendra pas ? »

Un matin de février, nous laissons donc Sophie à La Pradelle. À l'instant de la séparation, elle fait preuve d'un certain détachement... sans doute de bon augure. Dans la semaine qui suit, je lui envoie trois lettres. Sophie me manque, ses câlins me manquent... Je souffre physiquement de ne plus la toucher. Mme Boyer me lance, amusée :

« Vous êtes comme une femme amoureuse... »

J'en suis choquée, je trouve cela blessant. Mais bientôt, dans la confusion de mes sentiments, je me rends compte que c'est plus juste que je ne le voudrais.

Le premier vendredi, je pars la rejoindre en fin d'après-midi. Elle m'attend dans le jardin de la maison commune, soignée mais muette. Elle reste ainsi pendant tout le week-end. Je découvre mes lettres dans son sac : elle ne les a pas ouvertes. Patricia la trouve triste. Mais nous devons tenir bon. S'il y avait un problème particulier, on nous en aurait avertis. Il faut tenir et l'aider à tenir.

Les week-ends se succèdent, identiques. Ce n'est que pendant le second mois de son séjour que nous apprenons par l'équipe de La Pradelle que ces premières semaines furent un calvaire. Sophie ne trouvait pas le sommeil, hurlant, maculant parfois les murs de sa chambre avec ses excréments... Impossible, bien sûr, qu'elle puisse travailler réellement. Même le ramassage du bois est problématique et un éducateur doit la suivre en permanence...

Alors, pourquoi ne pas nous avoir prévenus plus tôt ?

« Pour ne pas vous inquiéter inutilement, nous répond-on. Il fallait lui laisser un peu de temps pour s'acclimater au changement et nous avons fait le pari d'une amélioration rapide... »

Ils ont eu raison. Après cette épreuve, Sophie va mieux. Si elle ne parle toujours pas, elle dort mieux et participe un peu aux tâches communes.

L'été arrive vite. Elle part en vacances avec des jeunes du CAT. Ce sont de grands bavards ; le mimétisme aidant, elle retrouve la parole. Au retour, l'équipe décide de la mettre avec les pensionnaires les plus dégourdis et les plus responsables qui travaillent au restaurant du centre. Sophie commence à mettre le couvert, à ranger la vaisselle. Néanmoins, pour parvenir à réaliser chacune de ces tâches, elle a besoin de la permanente pression et sollicitation d'un éducateur...

Lors des retours à la maison, Patricia, selon son habitude, traite de nouveau sa sœur comme si elle était absolument normale, la bouscule s'il le faut, sort avec elle et ses amies, la reprend si elle se met à se balancer :

« Arrête ! T'es pas idiote, alors pourquoi tu fais ça ? »

Patricia n'a jamais supporté que l'on puisse prendre sa sœur pour une débile. Sophie encaisse, le regard espiègle de nouveau...

Rien n'est gagné mais nous pensons avoir enfin trouvé, après tant d'années, un cadre de vie où Sophie puisse doucement progresser et peut-être s'épanouir.

Les éducateurs, attentifs et chevronnés, continuent de la faire progresser patiemment. Durant le printemps 1991, ils lui proposent quelques heures d'un véritable travail en cuisine. Si elle parvient à s'y tenir, elle touchera un salaire, sa vie ressemblera enfin à la vie ! Pour Christian et pour moi, ce serait la plus belle de toutes les victoires...

La première année, avec de plus en plus de plaisir, je prends chaque week-end la route de La Pradelle. Hélas, Sophie ne vient ensuite nous rejoindre que tous les quinze jours puis bientôt, à notre grand regret, que toutes les trois semaines...

Et à nouveau, tout s'effondre. Personne ne comprend. Sophie glisse, décroche de son environnement et rejoint ses démons. Sophie ne supporte pas de « réussir ». Elle ne supporte plus d'être « bien ».

Pendant cinq mois nous allons tous descendre aux enfers. Nous tous : Sophie, mais aussi ses sœurs, son père et moi.

Ces cinq mois me hanteront toujours. Ils reviendront, insupportables et vertigineux. Ils me hanteront à chaque heure de sa convalescence et tout au long de la dernière crise. C'est leur souvenir, le refus que mon enfant, que ma Sophie doive à nouveau affronter une telle monstruosité qui me pousseront au drame du 7 août 1994.

2

Depuis quelques mois nous sentons que quelque chose change, que Sophie va moins bien. Mais il est difficile, pour nous comme pour l'équipe de La Pradelle, de comprendre exactement ce qui ne va pas. À Noël, elle est de nouveau agitée, trop. Les responsables du centre préfèrent la garder et le psychiatre de La Pradelle décide de la mettre sous neuroleptiques. C'est notre premier Noël sans elle. Calme, certes, mais triste et anxieux.

Au cours des semaines suivantes, nous avons du mal à gérer son angoisse lors des rares week-ends où elle peut nous rejoindre à la maison.

Au printemps 1992 son état empire. Elle devient boulimique, ne reste plus en place, ses nuits sont de plus en plus brèves. Cependant juste avant le week-end de la fête des Mères, le médecin change de neuroleptique et, soudain, pour quelques jours, son extraordinaire sourire illumine à nouveau son visage. Elle est calme et enthousiaste.

« On va à Montpellier ? On va à Montpellier ? » demande-t-elle sans cesse.

Je finis par comprendre qu'elle veut me faire un

cadeau. Son père l'accompagne en ville et, avec son aide, elle m'achète un splendide collier de corail.

Nous avons envie de croire qu'elle est bientôt sortie de ce début de crise, que le traitement est le bon, qu'elle va s'apaiser...

Hélas ! dans les jours qui suivent, la rechute est violente. Toute l'équipe de La Pradelle lutte pour enrayer la crise. Un éducateur reste en permanence avec elle, le directeur du centre lui-même l'emmène en voiture sur les routes, la nuit, lorsqu'elle hurle trop. Mais Sophie ne dort plus, elle s'enfonce irrémédiablement.

Un jour, le coup de fil tant redouté arrive : Sophie plonge, elle doit quitter La Pradelle le plus vite possible.

« Nous sommes tristes, c'est un échec pour nous, me dit le directeur. Mais Sophie perturbe désormais toute la communauté, il nous est impossible de la garder... »

Seule consolation dans ce désastre : si elle se rétablit, elle pourra revenir à La Pradelle. Un « si », lourd de menaces.

Nous ne disposons que de quelques jours pour trouver une solution. Avec une certitude : nous ne réussirons pas seuls, Christian et moi, là où les médecins et les éducateurs de La Pradelle ont échoué.

Il n'est plus possible d'envisager une entrée en pédopsychiatrie où pourtant elle avait été si bien soignée. Sophie est désormais trop âgée. Je surmonte ma réticence et vais donc demander conseil à une psychiatre. Le Dr L. a eu l'occasion de rencontrer Sophie deux ans plus tôt, Christian et moi avons confiance en elle.

En cette fin du mois de juin, elle me reçoit à l'hôpital de La Colombière. Je lui décris l'état de Sophie depuis des semaines, son agitation, la nécessité d'une prise en charge. Je lui rappelle le traitement qu'elle a suivi en pédopsychiatrie avec le Pr A. et lui demande si une hospitalisation serait possible dans le service adulte de La Colombière.

« Oh, non ! me répond-elle. Ici, ce serait beaucoup trop difficile à vivre pour Sophie !

— Alors que devons-nous faire ?

— Vous devriez peut-être essayer de la faire entrer dans une clinique privée... »

Nous nous mettons à la recherche d'une clinique et l'on nous dit beaucoup de bien d'un médecin de La Lironde, un établissement tout près de chez nous. Le Dr F. a, paraît-il, un très bon contact avec les adolescents. Nous prenons rendez-vous et il accepte l'entrée de Sophie pour le lundi suivant.

Nous sommes un vendredi. Tout s'annonce compliqué. Il faut une ambulance pour ramener Sophie de La Pradelle. Ensuite, alors qu'elle est avec nous, Christian doit partir le dimanche pour une université d'été à la Martinique. Ce voyage était prévu de longue date et j'avais même pris un billet d'avion pour l'y accompagner. Malgré son inquiétude, impossible pour lui de remettre ce départ. Une amie, Céline, elle-même maman d'un jeune homme autiste, nous propose son aide.

Nous accompagnons Christian à l'aéroport et, au retour, comme Sophie me semble assez calme, je tente de préparer un repas. Mais ma Sophie recommence à s'agiter, court d'un bout à l'autre de la maison, escalade l'escalier, le redescend en renversant tout sur son passage... Céline nous rejoint, nous essayons de la calmer. Mais, brusquement, elle ouvre les portes d'un buffet, en sort les piles d'assiettes et les jette à grand fracas sur le sol.

Nous décidons de faire un tour en voiture. C'est dans cet espace clos, le plus souvent, que Sophie parvient à se rassurer un peu. Nous allons jusqu'à La Grande-Motte. En vain, Sophie ne se calme pas. Il semble que l'absence de son père la terrifie soudain. J'essaie de la convaincre qu'il lui parlera bientôt au téléphone. Elle ne peut m'entendre. Elle met et enlève compulsivement sa ceinture de sécurité. Puis grimpe sur les sièges, passe devant ou derrière, n'est bien nulle part...

Il devient dangereux de conduire. Nous trouvons un chemin à l'écart. Je pense plus prudent et peut-être plus utile de marcher un peu. Mais aussitôt dehors, Sophie crie, court, se désarticule, s'agite de plus en plus. Je ne parviens pas à capter son attention. Chansons, plaisanteries, mots doux, rien n'y fait. Nous la sentons plonger dans son monde de terreur et d'angoisse, inatteignable de plus en plus. Nous sommes impuissantes, réduites à l'état de spectatrices de l'horreur.

Céline me parle alors d'un « guérisseur »... Il est peut-être capable de libérer Sophie de son angoisse, me dit-elle. Elle le croit. Pourquoi ne pas aller le voir ? Je me doute que si Christian était là, il refuserait. Son esprit scientifique et cartésien repousserait cette idée d'un revers de main. Mais nous sommes si désemparées ! L'agitation de Sophie devient si dramatique, si démentielle, que la raison et le rationnel ne sont plus notre souci. Il faut seulement trouver quelque chose, tout essayer, et aussi vite que possible.

Mais nous sommes dimanche... Coup de chance, le guérisseur est là et veut bien nous recevoir. Dans une petite pièce à la lumière sourde et aux objets étranges, il parvient à obtenir de Sophie qu'elle dessine des taches de couleur sur des feuilles de papier avec des feutres. Il commence aussitôt à les analyser avec un pendule... Ensuite, après notre départ, il nous promet de travailler dessus et assure que Sophie devrait se calmer dans la soirée...

Au retour à la maison, elle bondit hors de la voiture et court à l'intérieur. Je cours derrière elle et ne parviens à la rattraper par son tee-shirt qu'à l'instant où elle enjambe le mur de la terrasse...

Est-ce l'effet du guérisseur ? Le repas est relativement calme. Mais Sophie ne mange pas, elle engloutit.

Le lendemain, je lui explique que nous allons préparer son sac car elle va entrer à la clinique de La Lironde : elle y sera soignée, elle ne doit pas s'inquiéter, on va s'occuper d'elle...

Marie-Annick sait que j'ai horreur de ces séparations comme de remettre Sophie entre les mains d'inconnus. Elle nous accompagne. Lorsque nous arrivons à la clinique, Sophie est relativement calme. Après quelques minutes d'attente, deux infirmières viennent nous chercher et nous conduisent dans « l'aile blanche », le pavillon clos de l'établissement.

Nous rangeons les affaires de Sophie dans un placard extérieur à sa chambre. Une chambre sans âme, avec un matelas sur un sommier de béton, une chaise et une table fixe, en béton également... Rien à renverser, rien à casser. Mais la pièce s'ouvre largement sur la pinède et semble sécurisante.

Dans le couloir, des malades de tout âge, hommes ou femmes, déambulent à petits pas mécaniques, instables et fragiles. Certains bavent, d'autres soliloquent à l'infini. Tous paraissent calmes. Tous, à l'évidence, sont abrutis de médicaments, pris dans la gangue des neuroleptiques. Bientôt, Sophie sera comme eux. Avec cette même démarche hésitante et saccadée, la bouche entrouverte et le regard figé dans le néant.

Mais que faire d'autre ? Elle sera plus calme, ne risquera plus de se détruire, éprouvera moins d'angoisse... Sans doute faut-il en passer par là. Pourtant, lorsque deux infirmières s'approchent d'elle pour lui faire « une petite piqûre », je proteste.

« Mais pourquoi ? Ce n'est pas utile maintenant. Ce n'est pas du tout ce qui a été convenu avec le Dr F. !... »

Je demande à voir le médecin mais les infirmières m'assurent que le régime est le même pour tous les arrivants. L'avis du Dr F. n'est pas utile. J'insiste : « Sophie n'est pas agitée au point de devoir recevoir une piqûre supplémentaire aujourd'hui ! Elle a déjà un traitement ! »

Mais au même instant, dans le couloir, Sophie agrippe un malade, en bouscule un autre, court dans la salle de soins... Il me faut bien admettre que ce qui me semble tolérable à la maison ne peut l'être ici. Consternée, j'abandonne ma Sophie à sa « petite piqûre ».

Le retour à la maison est lourd de questions et de culpabilité. Marie-Annick est tout aussi révoltée que moi. Ni l'une ni l'autre ne pouvons prononcer un mot. Nous retenons nos larmes, rongées par la pensée de ce que Sophie est en train de vivre, là-bas, dans cette chambre figée et bétonnée...

Dès le lendemain, à la première heure, j'appelle le Dr F. et proteste contre la « petite piqûre » standardisée.

Il s'en excuse aussitôt, reconnaît que c'est une erreur en ajoutant, avec honnêteté :

« D'ailleurs, l'injection qu'on lui a faite n'a pas eu l'effet escompté. Bien au contraire ! Sophie a eu une nuit très agitée. Elle a très peu dormi et tapissé les murs de sa chambre avec ses excréments... Le personnel d'entretien était aux cent coups ce matin en arrivant ! »

Je tente de lui expliquer à quel point Sophie peut redouter ces changements et qu'il faut lui accorder un peu de temps pour qu'elle s'adapte à son nouvel environnement...

Mais Sophie ne s'apaise pas. Sa dose de neuroleptiques est doublée et, pour faire bon poids, on y ajoute des anxiolytiques. Rien n'y fait.

Au matin du troisième jour, les vêtements que l'on me donne à laver ne me laissent aucun doute sur l'horreur de ses combats nocturnes. Elle monopolise la totalité du service. Le personnel soignant est débordé. Personne, ici, n'est prêt à accueillir ce genre de malade. Jamais encore ils n'ont affronté les crises d'une autiste. Jamais ils n'ont imaginé qu'une malade puisse résister à la « petite piqûre » et plus encore à la terrible camisole chimique des neuroleptiques qu'ils lui infligent ensuite. Dépassés, inquiets, à bout de nerfs à force d'entendre les cris de Sophie, effrayés par son agressivité, sa saleté, les membres de l'équipe déclarent forfait [1].

Le Dr F., bien sûr désireux de rétablir un peu de

1. Birger Sellin : *Un exemple pour montrer comment ils m'agacent est qu'ils papotent carrément en ma présence comme si je n'existais pas je saisis la première occasion pour les interrompre et je hurle comme si on m'égorgeait...*, p. 111, *op. cit.*

paix dans son service, nous demande de la reprendre. Soucieux malgré tout de ne pas abandonner la fille et la famille d'un confrère, il nous propose un arrangement avec l'accord de deux infirmières volontaires : matin et après-midi, elles se chargeront de Sophie pendant deux heures. Cela me donnera le temps de prendre un peu de repos et peut-être de trouver un établissement plus adapté à sa maladie. Car cela doit bien exister...

Ainsi, pendant quatre heures chaque jour, ces deux infirmières « promènent » Sophie dans la pinède de la clinique. Une promenade à haut risque, éprouvante, un parcours du combattant où elles ne doivent pas la quitter un seul instant, la soutenant pour l'empêcher de tomber et de se blesser... ou de s'enfuir.

Pendant ce temps, chaque matin, je me hâte de redonner à la maison un semblant d'ordre. Je ne veux pas que Sophie retrouve en rentrant les traces du désastre de la nuit précédente, trop cruel témoignage de son mal. L'après-midi, j'essaie de prendre un peu de repos pour tenir le choc de la nuit à venir...

Nous sommes dans les premiers jours de juillet. Marie-Annick, désormais enseignante, a un peu plus de temps que mes autres filles et c'est à elle qu'échoie le plus souvent le triste privilège de m'aider. Elle le fait avec tout l'amour et le dévouement dont elle est capable. Elle va chercher Sophie à la clinique et se promène avec elle en voiture, m'accordant ainsi un répit supplémentaire. Patricia, elle, prépare son bac. Elle a besoin d'un minimum de calme et le spectacle terrible qu'offre sa sœur bien-aimée est bien peu propice aux révisions. Il lui faut quitter la maison pour quelque temps... Le temps que nous trouvions « la solution ».

Mais quelle solution ? Où chercher ? L'hôpital psychiatrique nous est déconseillé, l'expérience dans une clinique privée s'avère un dramatique fiasco... Que faire ? Il y a urgence. Sophie souffre atrocement, se disloque, et toute notre famille, en la soutenant et l'accompagnant au plus près, se disloque et souffre sans pour autant parvenir à l'aider ! Si au moins nous n'étions pas impuissants !

Patricia est la première à réagir avec l'instinct de sauvegarde de sa jeunesse.

« Tu te fiches pas mal de mon bac ! Il n'y a que Sophie qui compte pour toi ! »

Le reproche n'est que trop juste. Je suis obnubilée par ce désastre dans lequel nous nous enfonçons. J'en oublie tout le reste, y compris ce bac dont je ne parviens pas même à retenir la date, l'heure ou le lieu des épreuves. J'ai beau tenter de lui prouver le contraire, que je l'aime et que je veux rester attentive à elle, Patricia a raison. Sophie accapare toute mon attention. J'interroge Patricia sur ses révisions mais n'entends pas, n'écoute pas ses réponses : je me demande comment sera la prochaine nuit de Sophie, comment nous allons trouver une issue...

Pauvre Patricia ! Elle, toujours si discrète, toujours dévouée, elle qui toujours a su parler d'égale à égale avec Sophie, qui a su nous aider dans les pires instants et supporter des scènes invivables, elle a aujourd'hui grand besoin de sa mère... Et me voilà aussi incapable d'apaiser son inquiétude devant l'épreuve du bac que je le suis à soulager la douleur de Sophie ! C'est terrifiant.

Pourtant, une solution semble poindre. Le Dr L. de l'hôpital de La Colombière ne nous a pas abandonnés. Elle obtient une hospitalisation de jour dans le service du Dr C. De neuf heures à midi puis de quatorze heures à dix-sept heures, Sophie sera prise en charge par une équipe soignante chevronnée, prête à l'aider au maximum. Un rendez-vous est pris et le Dr C. m'assure que tout sera mis en œuvre pour endiguer la crise de Sophie et la soulager. L'une de ses premières interventions consiste à modifier son traitement. En principe, cela devrait l'apaiser...

Effectivement, dans les heures et les jours qui suivent, Sophie n'est plus incontrôlable. Le peu de temps où nous restons à la maison, je parviens à maîtriser son comportement. Le plus souvent elle s'assoit au pied de l'escalier, se déshabille pour se rhabiller aussitôt, mécaniquement, inlassablement. Elle urine souvent n'importe où... mais cela reste supportable. Nous faisons de nombreuses « promenades » en voiture, la seule activité possible et sécurisante pour elle.

Néanmoins, la fin de la semaine s'annonce difficile. Je suis épuisée. Je finis par téléphoner à Christian qui travaille toujours à la Martinique. Il décide de rentrer immédiatement.

Sophie est si heureuse de retrouver son père que pendant une longue demi-heure nous pouvons rester paisiblement dans la fraîcheur du salon tandis qu'elle déambule dans la maison. Christian a rapporté des îles un magnifique bouquet d'alpinias et d'anthuriums. J'en profite pour le disposer dans un vase. Avec ces fleurs, un soupçon de vie « normale », de beauté, semble vouloir reprendre pied dans notre maison...

Mais Sophie n'en peut déjà plus de rester à l'intérieur. Elle tire sur la poignée de la porte d'entrée. Christian propose de venir avec nous et de conduire.

« Où allons-nous ? demande-t-il.

— N'importe où. Il suffit de rouler.

— Prenons quand même une carte. Je veux bien conduire mais tu sais que je n'aime pas partir comme ça, sans savoir où l'on va ! »

Où allons-nous ? Mon Dieu, voilà bien longtemps que je ne me pose plus cette question. Je vais... Je vais... Tout droit, là où me conduit mon instinct. N'importe où, sur les petites routes alentour de Montpellier, au risque, bien sûr, d'une panne ou d'un pneu crevé. Pour moi, l'essentiel est de passer le temps, d'offrir ce temps à Sophie pour qu'elle s'apaise. Et de retrouver mon chemin du retour. Pour Christian, toujours rationnel, les promenades doivent encore avoir un but. Il lui faudra quelques semaines pour comprendre que ce but n'est autre que le déplacement en soi. Rouler, rouler, toujours rouler... cela seulement est important !

Ce soir-là, malgré les somnifères, Sophie peine longtemps avant de trouver le sommeil. Couchée sur la moquette près de son lit, j'attends pendant plus d'une heure avant de percevoir enfin la régularité de sa respiration. Pendant ce temps, Christian arpente le couloir. Lui aussi a besoin de ma présence. Et moi, je ne pense plus qu'à dormir, le plus longtemps possible... Finalement Sophie nous accorde une pause de cinq heures.

Le lundi, Christian reprend son travail et je conduis Sophie à l'hôpital. À tour de rôle, les infirmiers s'occupent d'elle. Elle perturbe un peu le service mais, sous une constante surveillance, cela reste acceptable. À la maison, le soir, son comportement demeure difficile mais semble cependant se stabiliser. Elle ne cesse toujours pas d'ôter et de remettre ses vêtements mais, d'une certaine manière, cela l'occupe et l'extrême répétitivité de ses gestes paraît la réconforter...

Curieusement, ils nous sécurisent nous aussi. Peut-être pourrions-nous continuer ainsi pendant quelque temps si les nuits n'étaient pas si difficiles. Pour ma part, je peux encore trouver quelques heures de repos dans la journée mais Christian, après une nuit blanche, puis une autre, ne parvient plus à assumer correctement sa tâche de chef de service à l'hôpital ni à trouver le calme nécessaire pour affronter une nouvelle nuit sans sommeil, bouleversé déjà par l'inlassable agitation de Sophie.

Notre amie Céline passe nous rendre visite régulièrement l'après-midi et nous voit nous enfoncer. Elle proteste :

« Mais enfin, pourquoi ne faites-vous pas hospitaliser Sophie à plein temps ? Je ne comprends pas ! Que veux-tu prouver, Jeanne-Marie ? Vous allez vous détruire... »

C'est vrai. Christian vit sur les nerfs et j'ai déjà perdu cinq kilos en quelques semaines.

« Je ne veux rien prouver, Céline. Mais si le médecin de La Colombière nous déconseille une hospitalisation à temps complet, c'est parce qu'il estime que Sophie ne pourra pas la supporter... Je ne veux rien prouver : je ne vois simplement pas d'autre solution. C'est tout. »

Cette nuit-là, Sophie ne dort que trois petites heures. Pour offrir un peu de calme à Christian, j'enfile un pantalon et, au cœur de la nuit, quitte la maison avec Sophie en pyjama. Il est seulement un peu plus tôt que d'habitude. Je me dirige d'abord vers Montpellier pour tenter d'y boire un café. J'ai désormais ma technique bien à moi. Je roule jusqu'à la maternité, enferme Sophie dans la voiture et cours chercher un café au distributeur automatique placé à l'entrée. Aujourd'hui pas de chance : la machine est en panne ! Je décide de partir pour les Cévennes, jusqu'à notre petite maison de Mandagout. En roulant lentement, l'aller-retour nous occupera jusqu'à six ou sept heures du matin, jusqu'au réveil de Christian. Je pourrai toujours dormir ensuite, pendant la matinée.

Mais, dans la voiture, Sophie ne reste pas en place. Elle passe par-dessus les sièges, prend à peine le temps de s'asseoir à l'avant puis repasse à l'arrière, revient à l'avant, sort les cassettes, en choisit une avant de la jeter, puis une autre, vide la boîte à gants, en jette le contenu sur le tapis de sol, le piétine en repassant derrière, à nouveau recommence... Elle me demande :

« Et Papa, où il est ?

— Il dort.

— Il dort ?

— Oui !

— Alors il est mort ?

— Non, il dort, Sophie.

— Il dort ?

— Oui !

— Il est mort alors ? »

Je tente de la rassurer sans, bien sûr, y parvenir. Comment pourrait-elle s'abandonner au sommeil s'il est pour elle le signe, le risque ou même l'équivalent de la mort ?

Une chanson de Barbara me revient, provocante et terrible : « Si s'endormir c'est mourir / Ah ! Laissez-moi mes insomnies ! / J'aime mieux vivre en enfer / Que de mourir au paradis ! » Sait-elle ce que cela peut vouloir dire ?

Bientôt, la conduite devient dangereuse. Sophie cherche à attraper le volant ou tourne brusquement la clef de contact. Je commence à avoir peur. Je me sens perdue et sans plus de recours. On ne peut pas continuer ainsi.

À notre retour, coupable de ne pouvoir mieux nous aider, à bout d'inquiétude, Christian m'accueille durement. Il me reproche d'être partie sans l'avoir prévenu. Je lui explique que je ne voulais pas le réveiller.

« Je peux dormir dans la journée, moi, pas toi...

— Comment veux-tu que je dorme alors que je ne sais pas où vous êtes ? Et s'il vous arrivait quelque chose ? »

Je comprends sa réaction mais nous nous disputons. Ce n'est pas la première fois. Il est à bout et moi aussi. Je me rends bien compte que nous n'aiderons pas Sophie en nous déchirant l'un l'autre à force d'angoisse et de fatigue.

En pleurs dans les bras l'un de l'autre, nous capitulons. Un peu plus tard dans la matinée, nous obtenons un rendez-vous avec le Dr S. de La Colombière et demandons l'hospitalisation complète de Sophie. Il est convenu qu'elle sera accueillie au « pavillon des entrants » dès cette fin d'après-midi.

Contre toute attente, après la tension de la nuit, Sophie s'apaise. Alors même que je la prépare à cette imminente hospitalisation, il me semble qu'elle en éprouve une manière de soulagement. Je suis certaine qu'elle a elle-même conscience qu'il n'est plus possible de continuer comme nous le faisons. Notre angoisse devient par trop la sienne et sa propre souffrance s'alourdit encore d'être à l'origine de la nôtre, ce dont elle est parfaitement lucide[1]. Une situation inextricable

1. Birger Sellin : *Je me sens méchant alors que j'aimerais être bon mais toujours le mal a le dessus sans raison je détruis notre vie...* ; p. 201, *op. cit.*

et insupportable qu'elle exprime maintenant à sa manière :

« Je vais à Montpellier, affirme-t-elle sans cesse. Je te dis que je vais à Montpellier ! »

Montpellier signifie « l'hôpital ». Un mot qu'elle ne parvient pas plus que nous à prononcer !

À midi, elle est si calme que Christian doute soudain. Prenons-nous vraiment la bonne décision ? Mais le risque de ces nuits folles, sans trêves, est trop grand. Il faut maintenant avoir le courage d'aller jusqu'au bout.

Céline nous rejoint dans l'après-midi et tente de distraire Sophie pendant que j'achève, le cœur au bord des lèvres, la préparation de son sac. Il fait très chaud. Je n'ai presque pas dormi ni pu avaler quoi que ce soit depuis quarante-huit heures. Marie-Annick vient prendre le relais de Céline et, malgré la canicule, emmène Sophie pour une promenade. Alors je craque et m'effondre en larmes.

Lorsque Christian nous rejoint, il est livide, décomposé. Il voudrait faire encore un tour en voiture avec Sophie, comme pour repousser l'inéluctable, mais c'est l'heure. Il faut rejoindre La Colombière. Il n'y a plus d'échappatoire.

Sophie, presque sereine, prend elle-même son sac et monte en voiture au côté de son papa.

« Dans quinze jours, dans quinze jours ! » répète-t-elle comme si c'était là le temps qui lui semble nécessaire pour sortir de son gouffre.

Puis devinant ma peine, elle se tourne vers moi :

« Maman, ne pleure pas. »

Sa main se pose sur le genou de son père qui conduit :

« Papa, tu as peur. »

Que signifie exactement ce « tu » ? N'est-ce pas, comme souvent chez les autistes, qu'un « je » masqué ? Quoi qu'il en soit, c'est la vérité. Papa a peur, maman a peur et Sophie a peur. Tous nous avons si peur ! Pourtant, c'est Sophie, au moment de nous quitter, qui trouve la force de nous réconforter ! Cette lucidité aiguë, inattendue, ce courage nous laissent sans voix, la gorge nouée. Quelle leçon !

À La Colombière, nous sommes attendus et les formalités ne prennent que quelques minutes. Sophie disparaît. Nous nous retrouvons dans ma petite voiture, sale et poussiéreuse, témoin de nos récentes batailles avec les aubes grises. Sous mes pieds gisent encore tous ces objets que Sophie a compulsivement sortis de la boîte à gants. Un désordre auquel je n'ose pas toucher, comme s'il lui appartenait encore. Comme si c'était encore un peu de ma Sophie qui demeurait avec moi.

Pendant les quelques kilomètres du retour, nous ne pouvons prononcer un mot. Christian, de temps à autre, ravale ses sanglots. Je pleure en silence. Mais mes larmes n'épuisent rien, ne me lavent de rien.

Dès que nous arrivons à la maison, je vais m'effondrer sur la terrasse encore brûlante de soleil tandis que Christian, les mains nouées derrière le dos, fait les cent pas à l'intérieur. C'est l'heure du repas ; impossible de songer à avaler quoi que ce soit ! Finalement, Christian ouvre une bouteille de vin. Nous la buvons, avides et amers, avec l'espoir d'une ivresse qui abrutirait notre douleur et notre peur.

Que va-t-il se passer maintenant ? Dans quel chaudron du diable Sophie va-t-elle devoir encore plonger ?

3

Le lendemain de l'entrée de Sophie à La Colombière, un jeudi après-midi, le Dr S. nous reçoit. Grand, fort, l'air bon enfant, il nous fait entrer dans son bureau, s'excuse aimablement de l'inconfort du lieu et, une fois que nous sommes tous assis, nous observe par-dessus ses lunettes d'écaille. Son regard est curieusement embarrassé.

Pendant une heure il est à peine question de la maladie de Sophie. Conservant tout au long de l'entretien sa mine contrainte, le Dr S. discourt sur le manque de moyens du pavillon 20, spécialisé dans l'accueil des autistes et normalement tout désigné pour prendre Sophie en charge. Le personnel soignant, nous explique-t-il, bien que compétent, est trop peu nombreux pour assurer une prise en charge des malades aussi efficace qu'on pourrait l'espérer. Néanmoins, les locaux sont spacieux. Les pensionnaires peuvent disposer de larges couloirs et de vastes salles communes. En outre, à l'inverse d'autres malades, les patients du pavillon 20 disposent d'un jardin fleuri et d'une terrasse ombragée, bien clôturée, où ils peuvent se promener sans risque.

Pour ce qu'il connaît du cas de Sophie et de ses

besoins constants de mouvement, cela devrait lui convenir : elle pourra arpenter couloirs, salles et jardin autant qu'il lui plaira... Cependant, aucune place n'étant immédiatement libre dans ce pavillon 20, le Dr S. suggère que Sophie patiente deux ou trois jours au pavillon des entrants, le temps qu'une place se libère. Il conclut en précisant que nous ne sommes pas autorisés à voir Sophie avant deux semaines...

Deux semaines ? La veille, Sophie semblait imaginer précisément que son hospitalisation durerait deux semaines ! Mais, en la quittant, hier soir, je lui ai promis de venir la chercher chaque après-midi.

Jusque-là, je me suis tue mais j'interviens assez sèchement :

« Sophie m'attend. Il n'est pas question que je ne tienne pas ma promesse. Si je ne dois pas la voir pendant quinze jours, il faut que je puisse l'en avertir et lui expliquer pourquoi. »

Le Dr S. comprend que je ne céderai pas et m'accorde un droit de visite pour les deux jours à venir. Mais il ajoute aussitôt :

« Vous savez, lorsqu'elle sera au pavillon 20 et que vous viendrez en visite, je vous conseille de prévenir un infirmier et il accompagnera votre fille à votre voiture. Il est toujours préférable que les parents ne se présentent pas directement à l'entrée du service. Ce peut être assez traumatisant pour eux de rencontrer certains malades... »

Ces quelques mots me font frémir. Que cache ce généreux conseil ? Que dissimule-t-on de si insoutenable derrière les murs gris qui enclosent le pavillon des autistes ? Dans quel univers va-t-on enfermer

Sophie ?... Toutes mes terreurs m'assaillent à nouveau. Mais que faire d'autre pour l'instant ?

Dès la fin de l'entretien, je vais chercher Sophie au pavillon des entrants pour l'emmener pendant quelques heures, comme je le lui ai promis. J'apprends que la veille on lui a déjà fait une piqûre de Tranxène. Elle a dormi un peu puis s'est réveillée et a hurlé, seule, tout le restant de la nuit... Je mesure vite l'ambiance « thérapeutique » de l'hôpital et comprends que nous sommes, hélas, bien loin des soins du service de pédopsychiatrie du Pr A. Ici, pas d'éducateur pour veiller sur elle la plus grande partie de la nuit en attendant patiemment qu'elle s'écroule sur son lit, vaincue par la fatigue mais sans l'aide de drogues.

Dès notre retour à la maison, elle est si agitée que nous reprenons la voiture pour une promenade qui l'apaise un peu. Ensuite, je lui explique comment va se dérouler son hospitalisation. Je lui parle du pavillon 20 et de notre séparation pendant les deux semaines à venir. Je lui dis tout l'amour que nous avons pour elle, tout notre désir qu'elle guérisse vite et que nous puissions nous retrouver.

Le lendemain, nous sortons à nouveau ensemble et l'après-midi se déroule à l'identique de la veille. Ensuite, nous suivons le conseil du Dr S. et décidons de prendre un peu de repos à Mandagout pendant le week-end. En vérité, je sais d'avance que nous serons incapables d'échapper à la pensée de Sophie. Mais jardiner un peu autour de notre maison des Cévennes devrait au moins nous dénouer quelques muscles.

Avant de partir, je décide d'apporter quelques vêtements propres à l'hôpital. Comme il est préférable que Sophie ne me voie pas, je sonne à la porte du pavillon des entrants et me tiens en retrait. Le bruit d'un lourd trousseau de clefs me fait sursauter.

« Vous pouvez entrer, me dit l'infirmière. »

J'hésite. Elle insiste :

« Votre fille est dans sa chambre, elle ne peut pas vous voir... »

C'est la fin de l'après-midi, le service est calme. Une vieille femme, voûtée et édentée, arpente le hall immense, ainsi qu'un homme aux épaules larges, aux longs cheveux et qui semble jeune encore. Par l'échancrure de son débardeur, je vois les tatouages sombres qui couvrent sa poitrine et ses bras. Il porte aux poignets des bracelets de force en cuir. Son regard est incisif, peut-être agressif. Instinctivement, j'ai peur. Si Sophie cherche à le toucher, que se passera-t-il ?

À Mandagout, cette crainte et cette menace, excessives sans doute et probablement imaginaires, fruits de la fatigue et des angoisses accumulées, me poursuivent tout le week-end. Il nous est impossible de prendre un véritable repos. Tout semble vide autour de nous. Les forêts, la campagne, pourtant grésillantes de l'été, paraissent fades et sans intérêt. C'est un comble : l'agitation même de Sophie nous manque ! Nous aussi avons besoin de notre dose de somnifères pour nous endormir.

Patricia n'a pas obtenu les notes suffisantes pour avoir son bac du premier coup. Cependant, elle peut se présenter à l'oral de rattrapage. Nous nous livrons alors à toutes sortes de calculs compliqués avec notes et coefficients pour savoir s'il lui reste une chance véritable de réussite. Il semble bien qu'elle soit sur le fil du rasoir. Finalement, sans attendre ses résultats, elle part prendre son poste de monitrice dans une colonie de vacances... Quelques jours plus tard, soulagée et ravie, je peux lui téléphoner qu'elle a réussi ! Ce succès, qu'elle ne doit vraiment qu'à son propre acharnement, atténue un peu ma culpabilité de l'avoir abandonnée dans cette première épreuve de sa vie d'adulte.

Néanmoins, hors Sophie, c'est à peine si j'ai conscience du reste du monde.

Elle quitte le pavillon des entrants pour rejoindre le pavillon 20 où une place s'est libérée. Pour éviter le gros de la chaleur, nous allons nous installer au bord de la mer, à quelques kilomètres de Montpellier, à Carnon où réside l'une de nos aînées, Pascale, qui vient d'avoir une petite fille, Claire. Cathy nous y rejoint avec ses deux enfants, Charlotte qui a déjà deux ans et la petite Marion, née elle aussi juste avant l'été. C'est une solution pratique pour Christian qui continue de travailler à l'hôpital. Il espère aussi que la présence de nos filles et de nos petits-enfants me distraira et me sortira de mon souci exclusif de Sophie.

Mais je n'arrive pas à me « décrocher » de Sophie. J'ouvre un livre et suis incapable de comprendre le sens des phrases. J'ouvre un poste de radio, écoute les informations et n'entends pas, n'enregistre rien. Je ne m'intéresse qu'à peine à mes petites-filles. Mécaniquement, j'accomplis les quelques tâches obligées, cuisine ou ménage, de ce « séjour de vacances » et Sophie, à tout instant, occupe mes pensées.

Chaque matin nous téléphonons à La Colombière pour avoir de ses nouvelles. La réponse est presque toujours identique : malgré les fortes doses de somnifère, Sophie a peu dormi et presque continûment crié. Pendant la journée, bien qu'on lui administre un nouveau neuroleptique, son agitation ne se calme pas...

Chaque jour, ces nouvelles nous terrassent. Chaque jour, chaque minute, là-bas, Sophie se déchire à n'en plus finir. Chaque heure, pour elle, est une torture inimaginable[1]. Et nous, dans cet été de fournaise, nous sommes impuissants, inutiles, incapables de la soulager !

Mon frère Georges, de sept ans mon aîné, fut mon tuteur à la mort très précoce de mes parents. Il m'a aidée à grandir et c'est lui qui m'a inculqué certaines valeurs morales, la volonté et le courage. Notre affection est profonde et nous sommes restés très proches, confidents l'un de l'autre. Pour Sophie, ce fut longtemps un oncle joyeux et taquin, prenant plaisir à « l'enlever » pour de longues promenades qu'elle appréciait. Consciente de cette complicité, elle se jetait dans ses bras chaque fois qu'ils se retrouvaient, impatiente des blagues et des jeux qu'ils allaient partager...

Georges reste en contact avec nous par téléphone mais, depuis quelque temps, ne m'écoute plus lorsque je lui parle de Sophie. Il n'est pas d'accord avec ma manière d'agir et je le sais. Un fossé se creuse entre nous. Un jour, il en est venu à me suggérer de « placer » Sophie dans un établissement et de tenter de l'y oublier. Cette proposition m'a paru si monstrueuse que j'en fus profondément blessée, choquée qu'il ose même me la faire. Mme Boyer, ma psychiatre désormais, a

1. Birger Sellin : *Sais-tu vraiment à quel point l'angoisse habite profondément un individu à quel point elle ronge un individu... cette colère toujours me rend dingue je préférerais être mort une vie avec ses souffrances n'est pas supportable je hais tous les hommes...*, p. 97-119, *op. cit.*

peiné pour que je comprenne qu'il ne désirait rien d'autre que m'épargner et me protéger. Et ce n'est que plus tard, beaucoup plus tard, que je serai capable de lui pardonner cette suggestion aberrante.

Pour l'instant, à Carnon, lorsqu'il appelle, c'est Cathy qui lui répond. Georges ne demande aucune nouvelle de Sophie ni ne désire me parler. Il semble avoir décidé de tirer un trait sur sa nièce et y être parvenu !

Je sais bien que la maladie, et par-dessus tout la maladie mentale, angoissante et effrayante, si peu compréhensible, répugne et engendre la distance. Notre sentiment de solitude est par moments très fort, bien qu'en vérité l'amour, la tendresse et l'attention de nos quatre filles, de leurs compagnons et de nos petites-filles nous soutiennent énormément. Chacune, chacun, avec sa disponibilité et sa sensibilité, nous aide autant qu'il le peut.

Il nous reste aussi quelques fidèles amis qui téléphonent régulièrement pour prendre des nouvelles. Ce sont, pour la plupart, des amis que Sophie nous a accordés parce qu'elle a su les séduire à sa manière, avec sa différence, malgré sa difficile communication et ses comportements souvent gênants.

Après quelques jours, je décide d'aller à l'hôpital pour récupérer le linge sale de Sophie. Mon amie Céline se propose d'y aller à ma place mais je refuse : j'ai besoin, d'une manière ou d'une autre, de me rapprocher de ma fille.

Je me présente en début d'après-midi à la porte du pavillon 20. Tout est calme. C'est l'heure la plus chaude de la journée et les malades doivent se reposer. Je sonne à la porte de la salle commune et me mets aussitôt en retrait. L'infirmière qui m'ouvre me propose d'entrer.

« Non, je préfère rester à l'extérieur... Je ne voudrais pas que Sophie me voie.

— Ne vous inquiétez pas...

— Mais elle est bien là ?

— Oui, oui ! Mais je l'ai enfermée dans sa chambre.

— Enfermée ? Mais pourquoi ?

— Elle coupe les fleurs dans le jardin ! Il n'en reste plus... »

L'infirmière me regarde comme si cela allait de soi. Elle semble même s'attendre à ce que je m'excuse d'avoir une fille aussi peu soucieuse de la santé des fleurs ! J'en suis tellement abasourdie que je ne trouve pas un mot pour lui répondre.

Je vais déposer le sac de vêtements dans le vestiaire en scrutant anxieusement le couloir sombre. Toutes les portes, lourdes, munies d'un hublot carré, sont closes. Derrière l'une d'elles, Sophie hurle.

Je constate, surprise, qu'il y a bien peu de linge sale compte tenu du nombre de jours qu'elle vient de passer ici. Je regagne ma voiture en tremblant. Une fois assise, la colère me submerge. Ma fille est autiste depuis plus de vingt ans. Elle est en pleine crise, cloîtrée pour cela dans l'un des pavillons les plus durs de l'hôpital psychiatrique, dévorée par un irrépressible et angoissant besoin de bouger... Et on la boucle dans une cellule comme une sale gosse parce qu'elle a coupé des fleurs dans le jardin du pavillon ! C'est à peine croyable !

Dès mon retour, Christian devine que quelque chose ne va pas.

« Ils ont enfermé Sophie... »

Je lui explique pourquoi.

« Des fleurs ! Des fleurs ! explose-t-il à son tour. Mais qu'ils enferment donc les fleurs s'ils y tiennent tant. Mais pas Sophie ! Mon Dieu, pas Sophie... »

Dès le lendemain matin, nous rencontrons le Dr S. souriant, avec son bon regard derrière ses lunettes.

« Je ne suis pas d'accord avec ces méthodes punitives, dit-il en manière d'excuse. Petit à petit, j'essaie de faire comprendre au personnel que cela ne mène à rien, qu'ils ont affaire à des malades pour qui cela n'a aucun sens... Mais, vous savez, c'est si difficile de faire changer les mentalités ! Et si je suis en permanence en désaccord avec mon personnel, je ne pourrai plus rien obtenir d'eux... Vous comprenez ? »

Nous comprenons trop bien. Et le Dr S. nous expose les dures réalités d'un hôpital manquant de moyens, de personnel qualifié, bloqué dans un système figé et routinier...

Rien qui soit de nature à nous réconforter, bien au contraire.

Comme en réponse, les nuits de Sophie deviennent de plus en plus difficiles et ses journées plus violentes. Elle ne coupe plus les fleurs mais casse de la vaisselle, bouscule les autres malades. Son angoisse s'amplifie. Les anxiolytiques s'ajoutent aux neuroleptiques, sans plus d'effet.

Lorsque, accablée, je reviens une nouvelle fois prendre le linge sale de Sophie, je rencontre le Dr S. et le surveillant du service à l'entrée du pavillon.

« Il est inutile de venir chercher son linge, me dit le surveillant. Désormais, votre fille porte les vêtements de l'hôpital. C'est plus simple.

— Mais Sophie a deux sacs pleins de tee-shirts et

de shorts ! Je préfère qu'elle porte ses propres vêtements... »

Devant leurs regards légèrement agacés, j'insiste.

« Écoutez-moi, je vous en prie. Ce n'est pas un caprice ! C'est une question d'identité importante pour Sophie. Elle est séparée de sa famille, de son milieu, elle en est parfaitement consciente... Et elle se retrouve sans repères, dans un lieu inconnu, avec des inconnus ! Son angoisse peut s'en accroître d'autant. Il faut qu'elle puisse se retrouver au moins dans ses vêtements. Qu'elle conserve au moins une part d'elle-même grâce à des objets qui sont les siens. Je *sais* que c'est important pour elle... »

Pour m'apaiser peut-être, on me promet de faire un effort. Sophie portera ses vêtements le plus souvent possible. Très affable, le surveillant se veut rassurant et ajoute :

« Ne vous inquiétez pas, madame. On arrivera à la sortir de là. On y arrive toujours. »

Mais ils « n'y arrivent » pas. Sophie plonge toujours plus profondément dans son angoisse. Avec la troisième semaine de juillet s'approche le départ en vacances du Dr S. Par expérience, nous savons que rien n'est plus redoutable qu'être malade en août lorsque les hôpitaux se vident d'une grande partie du personnel soignant et des responsables de services. Il est donc question, si l'état de Sophie ne s'améliore pas dans les prochains jours, de prendre une « décision radicale » : une série d'électrochocs.

Ce n'est pas la première fois que l'on nous parle de cette « thérapie » qui, pour moi, rappelle les soins psychiatriques du XIXe siècle. Il en avait déjà été question à la clinique de La Lironde.

« Cela n'a rien à voir avec les techniques que l'on pratiquait autrefois, avait protesté le médecin. Aujourd'hui, le traitement se fait sous anesthésie générale et c'est une injection de curare à dose infinitésimale qui permet de détendre les muscles... »

D'ailleurs, les « électrochocs » s'appellent désormais « sismothérapie ». Les mots, au moins, doivent être rassurants et faire preuve d'un peu d'humanité !

Le Dr S. nous répète cette explication en ajoutant que, dans le cas de Sophie, la « sismothérapie » possède une réelle chance de réussite tandis que les neuroleptiques échouent...

Le cas de Sophie... Le Dr S. confirme ce que l'on nous a dit déjà plus d'une fois : elle affronte une déferlante d'angoisses de mort, un typhon de terreur[1]. Et voilà comment on traite, ici, ces angoisses mortelles : en bouclant la malade dans l'espace confiné de sa chambre. *Alors qu'elle est consciente de cet enfermement spatial*, on l'abandonne avec la mort pour seul vis-à-vis, affrontement monstrueux dont elle ne peut, bien sûr, avoir le dessus !

Lors de ses crises passées, que ce fût avec nous, en hospitalisation dans le service de pédopsychiatrie ou à La Pradelle, jamais, jamais elle n'avait été enfermée ! En pédopsychiatrie, au plus aigu de ses crises, jamais elle n'était restée seule. Nuit et jour quelqu'un était là pour lui prendre la main, lui parler... Maintenant elle

1. Birger Sellin : *Une fournaise le cratère d'un terrible volcan un démon qui m'impose sa loi... un chaudron de sorcière qui bout en dessous*, *op. cit.*

est enfermée vingt-quatre heures sur vingt-quatre... Je partagerais volontiers toutes les nuits avec elle, mais c'est bien sûr impossible. Aucune aide, charnelle, humaine, n'est prévue. Seulement les drogues. Dans quelles géhennes se trouve-t-elle ainsi plongée ?

Et, consciemment ou non, dans la proposition de lui faire des électrochocs... pardon : une « sismothérapie », il y a, pour nous du moins, une manière de chantage. Ou l'on apaise Sophie par les moyens les plus extrêmes, ou on la laisse se débattre, se déchirer et se détruire dans la solitude de sa cellule ! (Plus tard, hélas, nous comprendrons qu'il ne s'agit que d'impuissance.)

En désespoir de cause, la nausée au ventre, nous donnons notre accord pour six séances de sismothérapie.

Au retour à Carnon, sur la route qui rejoint la mer et alors que nous traversons la « technopole » de Montpellier, ma fureur explose. Toute cette démonstration arrogante et futile de « modernité », ce chapiteau scintillant du Zénith, ces publicités tapageuses pour je ne sais quel festival forcément international, tout cet urbanisme grandiloquent me révulsent. Là, des milliards ont été engloutis ! Mais cette dispendieuse fatuité cache un hôpital psychiatrique aux méthodes asilaires, démuni du personnel indispensable, des pavillons où les malades mentaux sont, à l'occasion, bouclés derrière les barreaux de leurs chambres transformées en cellules.

Ma colère est si grande que je veux écrire au maire de Montpellier[1] dès mon arrivée. Christian tente de m'en dissuader.

---

1. Le maire est le président du Conseil d'administration des hôpitaux de la ville.

« Cela ne servira à rien... »

Malgré tout, dans ma tête naît l'ébauche de cette protestation :

Ma fille, Sophie, a vingt et un ans. C'est une belle jeune femme, intelligente et très sensible. Son drame est de vivre de terribles angoisses. Savez-vous ce qu'est l'autisme, Monsieur le maire ?... Elle pourrait être votre fille ou votre petite-fille. Savez-vous comment et dans quelles conditions on la soigne aujourd'hui, ici à Montpellier, à La Colombière, dans l'hôpital psychiatrique de cette ville dont vous êtes si fier...

Mais l'ébauche restera à l'état d'ébauche. Christian a raison. Cela ne servirait à rien. Au mieux, on me répondra par quelques justifications filandreuses. Je n'ai pas le courage de me battre contre un moulin à vent.

La sismothérapie commence donc. Il ne faut pas s'attendre à des résultats immédiats, nous prévient-on. Au moins, l'anesthésie générale nécessaire à chaque séance permet-elle à Sophie de dormir un peu et de reposer son corps meurtri.

Pendant quinze jours, aucune visite n'est possible et moins encore les sorties. Nous attendons. J'attends. Je vais d'un fauteuil à l'autre. Je me coupe de tout. La Yougoslavie est en feu, on se massacre par centaines ou milliers en Somalie, j'y suis insensible. Je voudrais être avec Sophie. Je voudrais prendre en moi, dans ma chair, dans mon esprit ou mon cœur, une partie de ses terreurs, de ses souffrances. Je voudrais hurler avec elle, main dans la main et, comme par magie, la soulager, la libérer enfin de son fardeau démoniaque.

Nos enfants, merveilleux et aimants, font tout ce

qu'ils peuvent pour nous réconforter. Cependant, moi qui ai toujours rêvé d'être une grand-mère modèle, lorsque Cathy me tend son bébé, j'ai hâte de le reposer dans son berceau. Si Pascale me confie tendrement sa petite Claire pour quelques heures, je me contente de lui donner le biberon et attends avec impatience que sa maman vienne la reprendre. Si, parfois, je serre contre moi la petite Charlotte, je fonds brusquement en larmes car c'est Sophie que je veux serrer dans mes bras, ma Sophie...

À la fin de la première semaine de traitement, on nous dit qu'elle va un peu mieux. Et, enfin, une première sortie d'un court après-midi est prévue pour le 15 août.

Impatients et inquiets, nous arrivons tôt à l'hôpital. Il nous faut attendre dans le hall du pavillon. Christian, nerveux, fait les cent pas en agitant machinalement son trousseau de clefs. Mon cœur bat si fort que je l'entends cogner dans ma poitrine. Je veux m'avancer dans le couloir mais on me donne l'ordre de rester dans le hall d'accueil. Enfin, accompagnée par une aide soignante, Sophie apparaît.

« Ça va mieux maintenant », dit l'aide soignante.

Sa maigreur est impressionnante. Le visage exsangue, sans un regard pour nous, elle se dirige comme un automate vers la porte. Nous l'installons sur le siège arrière. Je monte à côté d'elle et la prends aussitôt dans mes bras pour la couvrir de baisers. Elle n'a pas un mot. Aucun sourire sur ses lèvres minces et livides.

Arrivé à la maison, Christian la prend à son tour dans ses bras, la serre très fort contre lui. Sophie se laisse faire, sans réaction, comme s'il pétrissait une absente. Elle s'assoit sur le canapé, replie ses jambes sous elle, reste immobile, le regard creux, totalement inexpressif. Je vois des larmes perler dans les yeux de Christian qui sort dans le couloir pour reprendre son souffle en secouant la tête.

Oui, bien sûr qu'elle va mieux, notre Sophie ! Elle est calme. D'un calme immense, absolu, terrifiant ! Il ne reste plus rien d'elle, sinon un corps décharné. La peau de ses joues tire sur les os, ses yeux sont enfoncés loin, comme perdus dans la béance des orbites, ses narines, dilatées à l'extrême, font saillir l'arête de son nez. Par instants, dans une grimace involontaire, ses lèvres blafardes découvrent des gencives démesurées, écarlates, où ses dents semblent avoir été plantées de force...

Comme on le dit dans le jargon médical : elle a été « cassée ».

Voilà le prix de son calme.

Ne sachant quoi faire ni que proposer de mieux, je lui suggère un bain. Elle me suit et se laisse déshabiller. La vision de son pauvre corps nu m'anéantit. Alors que je l'aide à passer dans la baignoire me reviennent les monstrueuses images des prisonniers agonisants des camps de concentration. Ma Sophie n'est plus qu'un squelette. Déjà amaigrie à son entrée à l'hôpital, elle a perdu plus de quinze kilos en quelques semaines. Son dos est constellé d'énormes boutons purulents qui semblent bien n'avoir jamais été soignés...

Longuement, je masse ses épaules et sa nuque raide. Elle se laisse faire. Puis nous désinfectons son dos. Ensuite, il nous reste encore un peu de temps pour l'emmener voir Pascale. À aucun moment elle ne montre la moindre réaction.

Lorsque nous nous retrouvons devant l'inévitable

porte du pavillon 20, sans un mot, sans le moindre regard, la tête baissée, elle attend que la porte s'ouvre. Elle entre et, comme un animal maté, rejoint sa niche.

Nous avons mal. Nous sommes effrayés. Nous avons honte d'abandonner notre fille dans un pareil endroit et dans un tel état. Mais aucune autre solution n'est possible : aucune clinique ne peut l'accueillir, et nous sommes dépendants du placement administratif en hôpital. Sophie ne peut être admise ailleurs qu'à La Colombière !

Mais, dans ces conditions, comment cela peut-il continuer ?...

DEUXIÈME PARTIE

L'impossible renaissance

1

Novembre 1992

Après quatre mois de « traitement » au pavillon 20 de La Colombière, le dernier jeudi de novembre 1992, je découvre Sophie dans un fauteuil roulant. Elle est totalement paralysée, hagarde, réduite à l'état d'une poupée de chiffons démantibulée que rien désormais ne semble plus pouvoir atteindre. Après une longue suite d'horreurs, ce sera l'ultime vision que je vais emporter d'elle dans ce pavillon qui, désormais pour moi, tient plus d'une prison que d'un lieu de soins.

Le lendemain, 27 novembre, on la trouve sans connaissance au pied de son lit. Son état physique aussi bien que psychique est tel qu'il faut la transporter aux urgences de l'hôpital Saint-Charles. Durant le week-end suivant elle subit soudain une succession rapide de crises épileptiques très violentes.

Un peu plus tard, je suis à ses côtés dans l'ambulance qui la conduit de Saint-Charles jusqu'au service de neurologie de l'hôpital Gui-de-Chauliac. Je guette ses yeux et crains les soubresauts de son corps chétif. Les crises d'épilepsie sont moins violentes mais se répètent toutes les dix minutes.

Sophie est accueillie dans le service de neurologie

B, dirigé par un collègue de Christian. Elle est installée dans une chambre confortable du cinquième étage. Malgré mon angoisse devant la gravité de son état, pour la première fois depuis vingt semaines, j'ai l'impression qu'enfin on va prendre soin d'elle et je suis un peu rassurée.

Le personnel soignant ne tient pas compte de l'apparence demi-consciente de Sophie qui laisse croire qu'elle ne peut ni entendre ni comprendre. Les infirmières lui expliquent chacun de leurs gestes tandis qu'elles mettent en place l'appareillage et s'activent autour d'elle. On nous demande de sortir pour installer perfusions, sondes gastrique et vésicale et réaliser une ponction lombaire qui devrait permettre un diagnostic et livrer la raison de ces crises d'épilepsie qui doivent cesser au plus vite. C'est capital.

Lorsque nous revenons dans sa chambre, malgré les secousses qui l'agitent encore périodiquement, Sophie semble apaisée. Je m'installe près de son lit et ne la quitte pas des yeux. Le professeur me demande de noter la cadence des crises et leur intensité. Autour de moi les infirmières s'affairent et poursuivent la série des examens. Alors qu'elle respire faiblement, immobile et absente, Sophie tourne brusquement sa tête et ses yeux sur la gauche. C'est le début d'une nouvelle crise. Je lui parle et tente de la rassurer :

« Sophie, ma Sophie, je suis là. Je suis près de toi, tu ne risques rien, ma Sophinette. On va bien te soigner maintenant, je te le promets... »

Et c'est vrai. Les infirmières sont douces, attentives. Je leur signale de probables escarres : quelques minutes plus tard, l'une d'elle masse Sophie. On la traite avec respect et tendresse. Une infirmière s'excuse de la tutoyer :

« Pardonnez-moi. Elle pourrait être ma fille, n'est-ce pas ? »

Le responsable du service ne manque jamais de respecter sa pudeur, voilant son sexe, lorsqu'il l'examine... Il y a bien longtemps qu'on ne lui a pas accordé tant d'égards.

Dans cette tempête, grâce à ce comportement enfin humain, je me détends. Trop, sans doute. Les infirmières sont surprises par mon calme. Mais comment leur expliquer ce que je viens de traverser pendant cinq mois ? En fait, je suis tellement soulagée que Sophie soit enfin sortie du pavillon 20 que je me montre inconsciente du véritable danger qui pèse sur elle.

Dans le couloir, Christian parle longuement avec le professeur. Lorsqu'il revient dans la chambre, sans un mot, le visage défait, il caresse longuement Sophie. Plus tard seulement, j'apprendrai que son collègue n'a pu lui assurer que notre fille survivrait à ses crises d'épilepsie.

Cette première nuit, elle tombe de son lit, arrachant sondes et perfusions. Le lendemain soir, à l'instant de la quitter, nous demandons à une infirmière de bien vouloir l'attacher et dresser les barrières du lit. Après ce qu'elle a subi depuis des mois, ni Christian ni moi ne nous sentons capables de lui sangler les poignets. L'infirmière, parfaitement consciente de ce que peut ressentir Sophie en cet instant, manque tout autant d'enthousiasme.

« Sophie, je n'ai pas envie de t'attacher... Mais il ne

faudrait pas que tu tombes de nouveau, comprends-tu ? Voilà... Je ne serre pas trop, ainsi tu n'auras pas mal... »

Pendant toute la durée de son séjour dans ce service, ce dévouement des soignants, la douceur simple de leurs gestes, leurs paroles chaleureuses ne cesseront pas... Et m'étonneront !

Mais, après cinq jours, le mal épileptique ne recule pas. Les crises se poursuivent, diminuant peu d'intensité et de fréquence. Leur cause reste difficile à établir. Toutes les hypothèses sont envisagées, y compris celle d'une encéphalite. Si c'est le cas, nul ne sait quelles séquelles peuvent en résulter.

Pour l'heure, il faut tenter l'impossible pour faire cesser les crises. Il ne reste bientôt qu'une possibilité. Christian parle longuement avec le professeur. Une décision est prise : on va injecter à Sophie une très forte dose de Rivotril, un puissant anti-épileptique, au risque d'un arrêt respiratoire.

Nous sortons de la chambre. Les minutes qui suivent sont écrasantes. L'horreur sait aussi être lente.

Et puis, quelqu'un nous rejoint en souriant : Sophie a supporté la première étape du traitement ! Si elle n'est pas « sauvée », tout au moins a-t-elle échappé à la mort.

Dans la chambre, l'atmosphère se détend. C'est seulement à cet instant que je réalise à quel point elle était proche de la mort, pas uniquement ces dernières minutes mais aussi durant tous ces derniers jours. Christian, qui savait, m'a protégée en prenant silencieusement cette angoisse supplémentaire sur lui. Je lui en suis reconnaissante.

Néanmoins, bien des incertitudes demeurent. Sophie est extrêmement maigre. Il y a dix jours qu'elle ne s'alimente quasiment plus et elle a encore perdu cinq kilos. Son regard absent, son visage cireux et creusé la défigurent. Il ne reste plus rien de cette jeune femme vive qui, six mois plus tôt, pouvait encore se promener entre deux crises au bras de son père, alerte et rieuse.

Grâce au traitement de choc, le mal épileptique cesse, mais on ne sait toujours pas ce qu'il en est de la motricité de Sophie. Immobile dans son lit, elle semble complètement paralysée. Va-t-elle rester ainsi jusqu'à la fin de ses jours ? Pourra-t-elle à nouveau marcher et parler ? Faut-il songer à aménager une chambre spécialement équipée pour elle au rez-de-chaussée de notre maison ?

Une seule chose est certaine : désormais, quoi qu'il en coûte, elle ne nous quittera plus ; elle a trop besoin de nous et nous avons trop besoin d'elle. C'en est fini de cette impuissance, de ce rôle sordide de spectateur auquel on nous a réduits au cours des mois écoulés. Maintenant, chaque jour, chaque soir avant de la quitter, nous lui parlons longuement, nous la caressons et l'embrassons... Une tendresse élémentaire et vitale, pour elle comme pour nous, et qui nous fut interdite à La Colombière, alors même qu'elle était au plus mal[1] ! Chaque matin, dès la première heure, avant de rejoindre son propre service, Christian passe un long moment près d'elle. Et tout le reste de la journée, je ne quitte plus sa chambre. En vérité, je ne suis bien que là, près de ma fille.

L'un de ces matins, ses yeux s'animent enfin. Elle

1. Birger Sellin : *Une seule parole dite avec amour peut faire guérir d'innombrables blessures et un regard affectueux a un effet gigantesque...*, p. 129, *op. cit.*

suit du regard les allées et venues des infirmières, ses lèvres s'entrouvrent légèrement. Elle observe les perfusions, cet amas de tuyaux qui l'entoure. Aussitôt, et pour la énième fois, nous lui en expliquons la fonction et ce qui l'a conduite dans ce lit.

« Tu sais, ma chérie, lui dit Christian, c'est mon copain qui te soigne. J'ai confiance en lui, il te sortira de là. »

Alors, sur ses lèvres transparentes, il y a l'esquisse d'un sourire. Oh ! comme notre cœur soudain s'emballe ! Quel extraordinaire bonheur que d'entrevoir ce mince signe de réponse et de vie dans ce visage dévasté !

Aussitôt les infirmières, aussi soulagées et heureuses que nous, saisissent le fil de cette attention :

« Allez, Sophie ! C'est l'heure de la toilette. Après, nous te masserons. Tu verras comme cela va te faire du bien !... Et puis aujourd'hui, tu mangeras un peu de compote, n'est-ce pas ? »

Sophie se laisse laver, masser, tourner dans un sens puis dans l'autre. L'extrême délabrement de son corps, sa maigreur cadavérique sont toujours terrifiants à voir. Comment l'a-t-on laissée en arriver là ? Comment est-ce possible ? Que s'est-il donc passé pour qu'elle sombre dans une pareille déchéance ?

Cela fait maintenant huit jours que Sophie a été admise dans ce service de neurologie mais les raisons de ses crises épileptiques restent énigmatiques. Bien qu'elles aient cessé, le goutte-à-goutte de Rivotril et de Dépakine demeure branché en permanence.

Elle est calme. C'est une première victoire et celle de tous : de l'équipe soignante, médecins et infirmières et de Sophie elle-même. Elle s'intéresse de plus en plus à ce qui l'entoure. De quelques cuillerées de compote, je parviens à lui en faire manger un pot entier. Et puis vient un autre miracle : sous les draps, je perçois un frémissement. Je retiens mon souffle... Ses pieds, ses jambes bougent ! Je cours téléphoner à Christian :

« Sophie peut bouger ses jambes ! Elle n'est plus paralysée !... »

Ce soir-là, elle mange deux pots de compote avec un évident plaisir.

Ses yeux verts rient à nouveau et elle parvient à boire un peu de chocolat !

Les progrès s'accélèrent. Dans le service s'instaure un nouveau jeu : c'est à qui obtiendra un sourire de Sophie... Toutefois, le professeur demeure réservé. Rien n'est vraiment gagné et le diagnostic reste toujours impossible à établir. Sophie semble capable de mouvoir ses membres mais ses poignets et ses mains toujours repliés d'une étrange manière, en « col de cygne », restent inaptes à toute préhension.

Dans cette journée, une visite me glace : le Dr S., soucieux de sa malade, passe voir Sophie. Je ne sais comment l'accueillir. À mes yeux, à tort ou à raison, il représente ces quatre derniers mois d'horreur dans le Pavillon 20. Alors qu'il nous faut tout faire pour reconquérir un peu d'espoir, je préférerais que Sophie ne le voie pas ni ne se rappelle, par sa seule présence, les murs et les barreaux dont elle vient à peine de s'échapper.

Le Dr S., lui, s'étonne de son calme et ne trouve rien à proposer de mieux que de la reprendre dans son service si elle recommence à s'agiter ! J'en reste médusée. Il vaut mieux que je me taise et serre les dents... Que j'oublie. Ou fasse semblant, pour l'instant, et autant que je le peux.

Le lendemain matin, Christian trouve sa fille presque assise dans son lit. Elle a correctement déjeuné. Un peu plus tard, alors qu'on lui place une multitude de fines aiguilles dans le cuir chevelu pour réaliser un électro-encéphalogramme, elle se laisse faire avec une placidité et une patience qui m'étonnent. Même « avant », et lorsqu'elle allait au mieux, je ne me serais pas attendue à un comportement aussi sage...

Les progrès continuant, sa sonde gastrique est retirée et elle mange des aliments mixés. Les doses de Rivotril et de Dépakine diminuent chaque jour. Elle reçoit de plus en plus de visites, ses sœurs viennent la voir, elle se montre attentive, sourit, mais ne parle toujours pas. Un après-midi, je lui apporte des biscuits au chocolat. Je lui en fais manger un. Elle semble beaucoup l'apprécier. Je repose le paquet près de moi, négligemment.

« Maman, je peux avoir un biscuit au chocolat, s'il vous plaît ? »

Il me faut faire un effort immense pour ne pas sauter de joie, l'embrasser, courir avertir les infirmières, leur annoncer qu'enfin elle a prononcé une phrase ! En évitant de trembler, comme si tout cela était banal, je lui tends un biscuit. Mais dès qu'elle l'a avalé, je ne tiens plus en place et me précipite pour appeler Christian.

Il arrive ce soir-là un peu plus tôt que d'habitude, le regard brillant d'excitation... Las ! Sophie, la rusée, a deviné notre impatience. Ses yeux espiègles nous sourient mais pas un mot ne sort de sa bouche.

C'est le week-end. Claude, le mari de Marie-Annick, apporte à Sophie un petit Mickey à ressort portant une inscription : *REVIENS VITE !* On le lui avait offert alors qu'il était lui-même hospitalisé pour une grave intervention et il en avait fait son fétiche. Sophie est aussitôt amusée par les mouvements bizarres du Mickey que Claude fixe au pied de son lit avec une bande de sparadrap.

Elle cherche à se servir de ses mains. Mais ses poignets restent figés dans cette posture en col de cygne qui lui interdit de saisir correctement le moindre objet. Elle voudrait pouvoir manger seule, mais, incapable de prendre une fourchette ou un verre, elle s'énerve aussitôt. Si je tente de l'aider, elle proteste en criant, entre en fureur contre sa propre maladresse autant que contre nous. Chaque repas devient un moment difficile mais, le reste du temps, elle se montre très calme et souriante. Elle se laisse masser, laver et piquer sans un murmure. Nous feuilletons ensemble des revues, je lui lis des histoires. Noël approche et nous parcourons des catalogues de cadeaux : les bijoux ont toujours ses faveurs. Elle pose des questions et parle volontiers. Lorsque Patricia arrive en retard lors d'une visite, elle le lui reproche sèchement.

Outre la paralysie de ses mains, son corps continue à résister à sa manière : ses intestins sont bloqués depuis bientôt deux semaines. Il faut absolument lui faire un lavement qu'elle subit sans protester. En fin d'après-midi, c'est la libération. Nous sommes tous soulagés pour elle... Un peu trop vite. Dans la nuit, seule et incapable de prévenir, c'est la débâcle. Lorsque l'infirmier de garde passe la voir, il découvre une Sophie humiliée et honteuse qui s'est débattue en vain dans ses excréments. Tout en la lavant et en nettoyant son lit, le personnel de garde tentera avec gentillesse de minimiser l'incident et de le lui faire oublier.

En fait, elle ne dort toujours pas très bien et il lui arrive souvent de s'agiter et de crier. Malgré les difficultés que cela entraîne dans le service, l'équipe soignante réagit avec beaucoup d'attention et de chaleur. Les infirmières font preuve d'une compréhension rare envers cette malade pas comme les autres, difficile, dont la souffrance comme le besoin de respect et d'affection s'expriment par des comportements inattendus et dérangeants.

Un soir, le Dr S. vient faire une seconde visite. Je lui fais un meilleur accueil que la première fois : je suis assez contente de lui montrer Sophie si souriante et détendue. La paralysie de ses mains (une paralysie des extenseurs) ne l'inquiète pas :

« C'est probablement du mimétisme, explique-t-il. Dans le pavillon 20, nous avons quelques malades qui ont ainsi les mains en col de cygne. L'imitation est une réaction assez fréquente chez les autistes... »

Le professeur et Christian ne semblent guère convaincus. Mais tout le monde considère désormais que c'est un miracle qu'elle ait survécu au plus dur de la crise.

Entre-temps, les perfusions ont cessé. Signe encourageant de son amélioration constante, Sophie a de plus en plus envie de bouger. Nous commençons par des « promenades » dans le couloir. En réalité, elle est à ce point affaiblie qu'après quelques stations au pied du lit, elle peine à marcher. Son pas est maladroit, vacillant ; ne parvenant pas à se redresser, elle avance péniblement, courbée comme une vieille femme.

Mais elle rit volontiers. Une religieuse passe la voir. Son ton enjoué amuse beaucoup Sophie. Comme désormais elle passe moins de temps dans son lit, je lui offre une grosse paire de pantoufles rouge et noir : elle éclate de rire en les découvrant. Les visites se font de plus en plus nombreuses, toute la famille vient la voir. Elle ne communique pas vraiment, nous n'avons pas de dialogue, mais elle parle et nous la sentons tout à fait attentive.

Les progrès sont de plus en plus flagrants. Elle parvient à maîtriser un peu mieux les objets et à manger seule malgré l'embarras de ses mains qui l'angoisse et déclenche ses cris de rage. Lorsque nous marchons dans le couloir, elle se redresse de plus en plus. Autre soulagement : la sonde urinaire n'est plus nécessaire...

Devant ces améliorations, et bien que le diagnostic sur les causes de son épilepsie demeure indéterminé, il est maintenant question de sa prochaine sortie. Pour Christian et moi, il ne fait aucun doute qu'elle va revenir à la maison parmi nous. Elle est si calme et même sereine que, quelles que soient les difficultés, nous parviendrons à les résoudre. Elle-même fait désormais preuve de tant de coopération pour sortir de cette épreuve. À nous de mettre toutes les chances de son côté !

Mais, brusquement, c'est une nouvelle alerte. Un matin, nous la retrouvons très agitée, se tordant sur son lit en criant... Il est difficile de comprendre d'où vient sa douleur. A-t-elle une cause vraiment physique ? En fait, il ne s'agit que d'une infection urinaire. Un traitement antibiotique suffira à l'endiguer. Il est toujours question qu'elle sorte bientôt et il se peut qu'elle passe Noël avec nous.

C'est un espoir qui nous donne beaucoup d'énergie. Nous ferons une vraie réunion de famille, nous serons plus de vingt sans doute. La chambre de Sophie devient une sorte de « PC de campagne » : il faut se répartir les tâches, commander les cadeaux par téléphone, car il n'est pas question de pouvoir courir les magasins. Sophie, qui aime tant les bijoux, recevra une bague en or montée de six petits rubis. Son regard espiègle brille de plaisir lorsque j'appelle la bijouterie !

Elle se soumet aux ultimes examens avec un calme qui me stupéfie. Radio, électroencéphalogramme, rien ne la rebute. Lorsque je l'accompagne dans les différents services, sans l'aide d'un infirmier, elle marche droit. Mais parfois il lui faut s'arrêter et s'accroupir pour un moment. Une pose énigmatique dont aucun de nous ne parvient à comprendre la raison. Pas plus que sa paralysie persistante. Parfois sa douleur au ventre revient et l'agite : l'antibiotique efficace n'a pas encore été trouvé. Mais compte tenu du chemin accompli, ce ne sont là que de faibles écueils que nous apprendrons à surmonter avec une Sophie qui semble de plus en plus solide psychologiquement.

Et enfin, le 16 décembre, le téléphone sonne dans sa chambre. C'est Christian. Sa voix est enrouée par l'émotion.

« Je viens de parler avec Michel, le professeur. Tu peux préparer les affaires de Sophie. Elle sort aujourd'hui même. J'arrive... »

Le plus merveilleux cadeau de Noël que nous pouvions espérer. Un double cadeau, d'ailleurs, puisque ce 16 décembre est aussi l'anniversaire de Christian !

2

En vérité, ce retour à la maison se partage entre vrai bonheur et angoisse. Une question muette, obsédante, informulable mais inévitable, vrille nos pensées — les nôtres mais aussi, je le sais, celles de Sophie ! Comment cela va-t-il se passer ?

Dès le premier instant, elle retrouve son nid familial avec un évident plaisir. Elle se réapproprie sa place à la table de la cuisine, redécouvre ses objets préférés, ses chères peluches et en particulier un Schtroumpf que son papa lui a rapporté des États-Unis il y a plusieurs années.

Plus tendue que je ne le voudrais, je la regarde reprendre contact avec notre monde. Je sais que nous aurons à affronter quelques moments difficiles, des cris et de l'agitation lors des repas — toujours ce problème de mains en col de cygne — et sans doute lors de ses douleurs abdominales. Mais nous aurons bientôt l'antibiotique adéquat... Non : ce qui m'oppresse vraiment, c'est la question de savoir comment nous allons occuper les journées à venir. Je ne voudrais pas recourir déjà aux trop faciles promenades en voiture. D'ailleurs, ce ne sont pas précisément de bons souvenirs, pour Sophie comme pour moi...

Je n'ai pas le temps de me poser ces questions bien longtemps. À sa manière Sophie « répond » à notre commune angoisse. À trois reprises elle va s'accroupir devant la porte des toilettes et là fait pipi. Entre chaque nettoyage, je tente de ranger ses affaires dans sa chambre. Le visage crispé, le regard tendu, elle vient me rejoindre et souffle :

« Maman, pas l'hôpital, pas l'hôpital !

— Mais non, Sophie. Tu vas mieux maintenant. L'ami de papa t'a bien soignée et tu n'as pas besoin de retourner à l'hôpital ! »

Aussitôt ma phrase prononcée, je m'en veux. Ce *Tu vas mieux maintenant* est de trop. Une erreur ! Et j'en tremble. Combien de fois n'a-t-on pas déclenché ses pires angoisses en déclarant sottement à Sophie qu'elle « allait mieux » ? D'ailleurs elle s'agite déjà, monte et descend les escaliers, court dans le couloir, s'assoit pour se relever aussitôt... Mais elle presse aussi son ventre, ce n'est peut-être que la douleur de la cystite qui se réveille. Je lui propose deux comprimés de Spasfon... Quelques minutes plus tard elle sourit, se calme. Sa douleur s'éteint. À nouveau, de sa voix brève et un peu rêche, elle dit :

« Maman, pas l'hôpital, pas l'hôpital ! »

Cette fois je mesure chacun de mes mots :

« Ni ton papa ni moi ne souhaitons que tu retournes à l'hôpital, Sophie. Tu vas rester avec nous à la maison. Tu es d'accord, n'est-ce pas ? »

Un hochement de tête en guise de réponse.

Un peu plus tard, tout en sachant que le repas sera un peu difficile, je demande à Marie-Annick et à son mari de venir dîner avec nous. Il ne faut pas oublier que c'est doublement la fête, et nous boirons du champagne pour la célébrer comme il se doit...

Avant de passer à table, nous sommes tendus. Je m'efforce de plaisanter, d'un regard Marie-Annick comprend et joue le jeu. Claude, dont l'humour fait toujours rire Sophie, capte son attention. Et, phrase après phrase, la soirée avance, plus calme que je n'osais l'espérer. Sophie s'énerve sans trop d'excès à cause de ses fichues mains qui ne veulent pas lui obéir. Mais ses cris étant moins pressants, Christian, qui y est toujours extrêmement sensible, se détend et bavarde sans montrer d'angoisse... Finalement, je me détends à mon tour et Sophie se laisse également gagner par ce calme.

Après le départ de Claude et de Marie-Annick, la nouvelle et grande épreuve devient palpable : l'heure du coucher.

La première nuit passée à la maison depuis des mois... Je sais toute son importance. Je sais qu'elle va « donner le ton » à la suite de notre nouvelle vie commune. Et je devine que Sophie, tout autant que moi, se souvient des nuits sans sommeil de la chambre bleue, des veilles interminables, douloureuses et folles, de l'été dernier... D'ailleurs, à mesure que l'instant fatidique approche, tandis que Christian est déjà sur la mezzanine, Sophie s'écarte de l'escalier qui mène aux chambres et fait tout pour s'attarder au rez-de-chaussée !

C'est le moment où il faut savoir rire et plaisanter alors que l'on sent ses entrailles se nouer et que la peur nous sèche la gorge. Mais depuis quelques mois, je suis devenue experte en dissimulation. Nul ne peut soupçonner ma terreur derrière mes mimiques de clown !

Personne... sauf Sophie. Elle, il est impossible de la berner. Sa sensibilité perce tous les masques et déjoue toutes les comédies. Quoi que je fasse, elle devine d'un regard mes sentiments et prévoit mes réactions.

Alors je l'invite simplement à aller se coucher. Ensemble, après quelques tours et détours, nous montons l'escalier. Christian, sans montrer sa propre inquiétude, l'embrasse avec tendresse et lui souhaite une bonne nuit. La répétition des habitudes anciennes semble nous rassurer toutes les deux. Sophie se laisse déshabiller. J'ouvre son lit et elle se glisse sous la couette avec une mimique enfantine quémandant des baisers. Comme il m'est difficile de ne pas prendre cette femme de vingt et un ans pour ma toute petite fillette !

« Veux-tu que je reste près de toi jusqu'à ce que tu t'endormes ?

— Non !

— Veux-tu que je dorme cette nuit dans la chambre bleue à côté de la tienne ?

— Oui ! »

Et elle se tourne, s'endort presque aussitôt.

Six heures. Le lever est matinal mais la nuit, étonnamment calme, fut un vrai repos. La journée commence avec des sourires qui s'estompent dès que j'entreprends de baigner Sophie après le petit déjeuner.

Elle ne pèse plus que trente-huit kilos pour un mètre soixante. C'est un squelette que j'allonge dans la baignoire. Ses seins ne sont que deux lambeaux flasques, la peau de ses fesses se plisse et retombe sur ses cuisses sans muscles. Au dos de son crâne, ses cheveux brisés et rabotés par le contact permanent avec les oreillers forment une espèce de crin, impossible à coiffer. Mais elle se laisse enduire de crème, masser, habiller, et je sens qu'elle a envie d'être à nouveau belle, de redevenir cette jeune femme lumineuse qu'elle peut être, parfois.

Dès ce premier jour, Sophie m'accompagne au marché faire quelques courses. Elle a toujours aimé l'animation et les couleurs des étals. Sans crainte de la foule bruyante et vivante qui déambule autour de nous, nous arpentons les allées. C'est un délicieux moment. Je la sens heureuse, sereine. Elle sourit. Autant que je l'ose, je prolonge cet instant inespéré. Au retour, malgré ses mains malhabiles, elle m'aide à ranger les fruits et les légumes... Mon Dieu, comme la moindre occupation « ordinaire », banale, ou qui serait même insignifiante pour la plupart, devient pour nous deux une émotion, un bonheur rare et tangible !

Le repas de midi, quoique toujours un peu perturbé, se déroule sans grande tension. Sophie apprend des petits tours d'adresse pour compenser sa maladresse. L'après-midi nous retournons flâner en ville, avec un détour dans une pâtisserie tunisienne où j'espère que la riche douceur des *makrouts* et des *zlabias* aux pignons, gorgés de miel, étofferont un peu son maigre corps.

De temps à autre la question, ou plutôt l'affirmation revient, répétitive, soucieuse :

« Maman, pas l'hôpital ! Maman, pas l'hôpital ! »

Les pipis devant les toilettes ou dans le couloir sont encore nombreux. Mais, malgré mon appréhension, lorsque l'heure du coucher approche, tout se passe encore bien, merveilleusement bien.

« Allez, ma Sophie, c'est l'heure d'aller au lit... Va dire bonsoir à ton papa... »

Elle monte sans hésiter, va se faire câliner par Christian et lorsque qu'elle est dans son lit, mes baisers et mes caresses lui plaisent tant que je dois me faire violence pour l'abandonner à la nuit.

« Veux-tu que je dorme dans la chambre à côté ?

— Non !

— Alors je peux dormir dans mon lit ? Avec ton papa ?

— Oui ! »

Et elle s'endort avec un ineffable sourire sur les lèvres.

Elle se réveille le matin suivant vers huit heures et désormais, pour les jours à venir, le coucher ne posera plus de difficultés. Pour nous tous, ce n'est pas seulement un soulagement, c'est aussi l'espoir. L'espoir fort et fou que la vie, la vraie vie, peut encore être reconquise.

Au petit déjeuner, c'est d'un œil malin cette fois et accompagné d'un sourire qu'elle dit :

« Maman, pas l'hôpital ! pas l'hôpital ! »

Elle connaît parfaitement ma réponse mais elle a besoin de l'entendre tout au long du jour. Elle a besoin de cette répétition apaisante, de cette certitude renouvelée et ne se prive pas de la réclamer. Autant qu'une inquiétude taraudante, c'est un jeu dans lequel j'entre à mon tour, taquine, variant les tons et les manières de répondre.

En ce deuxième jour, les petits signes de mieux-être se multiplient : moins de pipis par terre, des gestes de plus en plus précis, une volonté de participer aux activités de la maison. Après le repas, Sophie soudain se saisit de l'éponge, essuie la table comme elle peut, range les serviettes...

En fin d'après-midi, elle m'accompagne très sereinement dans le service de neurologie B où nous apportons pâtisserie et champagne en guise de remerciement pour cette équipe si dévouée et efficace. Sophie accueille avec une coquetterie souriante les compliments sur sa toilette et ses yeux légèrement maquillés...

Oui, le miracle d'une vie commune, chez nous, semble possible !...

Chaque heure, chaque jour possède le goût inattendu d'une victoire. Christian doit s'absenter pendant deux jours pour son travail. Je suis un peu inquiète. Mais ses sœurs viennent voir Sophie qui se laisse entraîner dans les distractions, découvrant ses petites nièces. Elle me semble si bien qu'une proposition un peu démesurée me vient :

« Sophie ? Si nous allions au cinéma, ce soir ? »

Pas de réponse. Je prends cela comme une approbation.

« D'accord, c'est décidé. Nous irons voir *Sister Act...* »

Une folie ? Sophie est-elle capable de rester deux heures assise dans un cinéma ? Mais comment le saurais-je si je n'essaie pas ? Au pire nous quitterons la salle...

Par prudence, nous nous asseyons à l'extrémité d'une rangée. Et l'aventure tourne bien. Captivée, amusée par le jeu clownesque et plein d'énergie de Woopie Goldberg, elle rit de bon cœur. Deux fois seulement elle fait mine de se lever et il suffit que je lui demande de se rasseoir pour qu'elle se laisse emporter à nouveau par le film. En fait, tout est si simple que je finis moi aussi par suivre le film et rire avec elle. À la sortie, nous faisons notre petite visite quotidienne aux gourmandises de Carthage-Milk, notre pâtisserie tunisienne...

Un peu plus tard, dans mon lit, alors que Sophie à nouveau dort paisiblement, je ne peux plus retenir mes larmes. Un mélange de joie et d'épuisement craintif devant le bonheur entrevu ces dernières heures me brûle la poitrine. Serait-ce vraiment une renaissance ? La renaissance de notre Sophie ? La vie, la vie simple, sans horreurs ni la permanente douleur de notre Sophie, sans sa destruction lente, est-elle enfin possible ? Oui. Il semble que oui.

« Vous êtes allées au cinéma ? Mais comment as-tu fait ? C'est incroyable ! C'est magnifique ! »

Au téléphone, la voix de Christian frémit de plaisir. Il n'en a plus pour longtemps à Paris, il a hâte de nous rejoindre. Sophie VIT et il veut la voir vivre avec nous. De fait, chaque journée apporte son lot de nouveautés et consolide nos espoirs.

Nous ne sommes plus très loin de Noël. Nous allons faire des courses dans un supermarché. Pour la première fois je demande à Sophie de m'y aider, de prendre elle-même dans les rayons les produits qu'elle aime. Ensemble nous remplissons le caddie. Maladroite parfois mais avec le plus grand naturel, elle m'aide à déposer nos achats sur le tapis roulant, remplit les sacs... En vérité, j'en suis stupéfaite. Depuis toujours, je sais qu'elle a le désir, la capacité et la volonté de participer à nos petites tâches quotidiennes, d'assumer une certaine « normalité sociale ». Mais son autisme se caractérise précisément par un interdit, une menace violente, une sorte d'effroi abyssal qui retiennent ses gestes, brisent sa volonté et empêchent l'accomplissement de ce désir. Et voilà qu'enfin elle semble pouvoir se libérer, écarter les barreaux de sa prison intérieure pour nous rejoindre dans ces simples occupations... Mais bien sûr, il ne faut, devant ce bouleversement, montrer ni surprise ni satisfaction. Le démon est sans doute toujours là, qui guette. Plus que jamais, je me dois de cacher ma joie, d'être faussement aveugle et cependant sur le qui-vive !...

Ainsi nous achetons un sapin et l'aînée de mes petites-filles, Charlotte, nous rejoint pour le décorer. Charlotte... Sophie sait être jalouse aussi ! Elle accueille sa nièce avec de petits coups sur la tête. Il me faut intervenir :

« Je t'aime très très fort, Sophie. Tu le sais, tu as tout mon amour et toute mon attention. Mais il faut que tu comprennes que j'aime aussi Charlotte et toutes mes petites-filles... Elles ont leur place ici, et je veux aussi m'occuper d'elles !... »

Un petit discours que je dois répéter plusieurs fois au cours des jours suivants. Sophie grimace, silencieuse, têtue et sans doute un peu narquoise...

Mais autre chose la préoccupe : être belle pour Noël. Et elle l'est, dans une nouvelle jupe droite et un pull turquoise offert par Marie-Annick. Elle est même passée chez le coiffeur !

Le repas est long, quelques cris d'agacement parfois, toujours à cause de ses mains rétives, cependant tout se passe magnifiquement bien. Lorsque les cadeaux sont offerts, elle fait admirer sa bague aux étincelants rubis.

« Mais c'est de l'or ! s'exclame une de ses sœurs.

— Eh oui ! » répond-elle très fière.

« Maman, pas l'hôpital ! pas l'hôpital ! »

Noël est passé, pas cette litanie. Mais elle semble

être maintenant assez solide pour en cesser avec cette manie. Mi sérieuse mi joyeuse, je lui cours après, faisant mine de chercher à lui donner une fessée.

« Sophie, je ne veux plus t'entendre parler d'hôpital. C'est fini ! Je ne veux plus que tu ailles à l'hôpital et ton papa non plus. D'accord ? Je te promets, Sophie, je te promets que tu n'iras jamais plus à l'hôpital... Et je ne veux plus en entendre parler. »

C'est du fond de mon cœur et du fond de mon âme que je lui fais cette promesse. Non, plus jamais elle n'ira à l'hôpital. Elle sent, elle sait qu'elle peut me croire. Aussi, jour après jour, sa sérénité grandit et la litanie cesse, disparaît. Et croît encore son désir d'être une jeune femme « comme une autre ».

En ce début de nouvelle année, pour la première fois, nous faisons ensemble le ménage dans sa chambre... Lit refait, époussetage, gestes normaux de mère et de fille... Gestes incroyables. Nous continuons nos pèlerinages quotidiens à la pâtisserie tunisienne. Un jour, je lui propose d'entrer dans un Monoprix pour acheter un rouge à lèvres et un crayon pour les yeux. Au moment de payer, je me retourne et Sophie n'est plus là. D'un coup mon ventre se tord et mon cœur bat jusque dans mes tempes. Je fouille les allées du regard, m'enfonce dans les rayons à la recherche de son anorak blanc parsemé d'étoiles noires... Je me répète que je ne dois surtout pas m'affoler ! Mais j'ai peur, si peur que tout recommence !

Je la découvre au fond du magasin, sa main raidie posée sur celle d'un jeune homme. Avec un regard étonné, il contemple son sourire sans savoir comment répondre et repousser cette étrange invitation. Mais le sourire qui lui vient lorsque je lui demande d'excuser

Sophie est attendri et compréhensif. Un peu plus tard, c'est à elle que j'essaie d'expliquer qu'elle ne peut aborder ainsi les inconnus [1].

« Mais je comprends que tu aies envie de parler avec un garçon, ma chérie... »

Je le comprends si bien que je devine sa déception et sa frustration. Sophie, tout autiste qu'elle soit, lorsqu'elle se sent bien, est une femme comme une autre, avec un désir d'amour et de séduction... Mais cela... Cela, comment l'atteindre ?

Patricia, une nouvelle fois, lui permettra de briser un peu son exclusion en sortant souvent avec elle pour rejoindre ses amis, retrouvant copains et copines de leurs âges parmi lesquels Sophie, sagement, tiendra sa place silencieuse.

Car la communication reste toujours difficile. Une phrase jaillit, un bref échange qu'il faut savoir prendre au vol sans en attendre davantage. Malika, qui vient chaque semaine m'aider à entretenir la maison, s'y est habituée.

« Malika ! Tu vas à l'école toi ?

— Non, je travaille.

— Ah ! Tu travailles... Et pourquoi tu travailles ?... »

Malika se prête au jeu des inlassables questions-réponses. Son accent marocain, son français parfois hésitant ont le don de faire rire Sophie et c'est ce qui compte. Et puis elle est vraiment décidée à aider. Sa

1. Birger Sellin : *Je connais le savoir-vivre de notre chère société dans tous les détails et je le respecte mais je ne peux pas le maintenir parce que mon comportement échappe toujours à mon contrôle...*, p. 160, *op. cit.*.

main droite devient plus agile même si la gauche ne parvient à saisir ou à porter le moindre objet. Mais un jour, voilà qu'elle vide le lave-vaisselle. Un autre, elle tente de laver des bols. Bris, inondation parfois, mais qu'importe. Les pipis par terre s'estompent, bien qu'elle soit toujours incapable de se déshabiller seule. Très probablement cela est humiliant pour elle, cette dépendance l'insupporte. Elle est peut-être à l'origine de son incontinence, comme une manière de protestation rageuse. Mais désormais, elle prend sur elle.

Les jours passent et Sophie ne cesse de s'épanouir. Mais il faut encore rester près d'elle en permanence, la surveiller et surtout demeurer constamment disponible. Après quatre semaines où pratiquement je n'ai pas eu un instant pour moi, c'est le contrecoup. Je suis épuisée, vidée par toute cette énergie qui a circulé follement entre nous. Et un peu perdue. Combien de temps pourrai-je tenir ainsi ? Combien de temps encore pourrai-je soutenir ce rythme, dans cette sorte d'apnée, sans jamais respirer en dehors du monde de Sophie ?

Une nouvelle fois, Mme Boyer, la merveilleuse Mme Boyer à qui je confie mon inquiétude, me rassure avec son calme et sa sagesse :

« Bien sûr que Sophie a besoin de vous sans cesse ! Vous lui avez tellement manqué pendant ces derniers mois. Elle n'a pas seulement besoin d'être aimée, elle veut être maternée... Elle revient du fond de la peur, comme si le monde avait explosé en elle et autour d'elle. Elle a besoin de confiance pour avancer et qui d'autre peut, autant que vous, lui faire confiance ? Mais les choses vont évoluer. Vous pourrez bientôt vous organiser autrement et vous faire aider vous-même... Tenez bon ! »

Il me suffit de ces mots pour oublier ma fatigue, écarter mes doutes. À la fin du mois de janvier, Christian est disponible pour tout un week-end. Nous partons aussitôt pour notre petite maison des Cévennes.

Comme si elle n'avait jamais quitté Mandagout, Sophie retrouve immédiatement sa place préférée sur la banquette près de la cheminée. Elle sourit au feu. Elle est heureuse. Je la sais heureuse. La nuit venue, elle se glisse avec ce même bonheur dans son lit, entre les draps frais, cherchant la chaleur douce de la brique que je dépose contre ses pieds. Sous les couvertures et le gros édredon, je n'aperçois plus que les boucles courtes, à nouveau vives et saines, de ses cheveux. Elle attend mes baisers. Elle sourit pour elle-même. Elle est bien.

Après lui avoir souhaité une belle nuit, je redescends près du feu, près de Christian, la gorge nouée. Pour la première fois depuis si longtemps, si longtemps, la joie coule en moi. Il n'y a pas un bruit. Nous sommes en paix. Tous les trois ensemble et en paix. La nuit n'est plus l'ennemie de Sophie !

Mon Dieu !...

Sous cette joie nouvelle, l'enfer est encore tout proche. Son souvenir est si vivace, pareil à un tatouage indélébile et maléfique incrusté à force de douleurs dans chacune de nos pensées !

Peut-être justement parce que enfin nous sommes dans le calme, près d'un feu paisible et rassurant, je me souviens. Je ne peux pas m'empêcher de me souvenir.

Je me souviens...

Ma mémoire est comme un fer rouge. Il suffit d'un rien pour que je me brûle encore aux horreurs de l'été précédent.

3

Août 1992

Nous sommes au plus fort de la chaleur d'août. Depuis maintenant plus d'un mois, Sophie est recluse dans le pavillon 20. Le Dr S., de La Colombière, est en vacances. Christian aussi a droit à deux semaines de congé. Nous décidons de passer cette quinzaine de jours à Mandagout. Nous n'y serons qu'à une grosse heure de Montpellier et, de toute manière, il semble qu'à l'hôpital notre présence soit toujours inutile.

Chaque matin nous descendons à la cabine téléphonique du village pour appeler l'hôpital. L'interne remplaçant le Dr S. se montre aimable et compréhensif. Comme nous, il comprend mal que l'on n'ait pas soigné ces gros boutons que nous avons découverts sur le dos de Sophie lors de sa première sortie. Christian lui parle longuement et l'interne promet d'être attentif. Sophie semble très affaiblie. La sismothérapie a vaincu son agitation mais engendré un état dépressif alarmant. L'interne pense pouvoir lui administrer un antidépresseur...

Le lendemain, puis les matins suivants, les nouvelles sont meilleures. Sophie se montre plus calme et, au moins, le personnel de surveillance ne l'isole plus. Elle peut déambuler dans le pavillon et le jardin. À moins qu'elle ne reste prostrée dans un coin.

À la fin de la semaine, alors que nous nous apprêtons à aller la chercher pour sa seconde sortie, nous apprenons qu'à nouveau les démons ont pris le dessus. Elle a hurlé toute la nuit et se retrouve une fois de plus bouclée dans sa chambre-cellule. Malgré tout, nous nous présentons à la porte du pavillon 20 comme convenu, espérant que sa sortie pourra la détendre un peu.

Dès notre coup de sonnette, des malades viennent s'agglutiner contre la porte vitrée. Visages hagards, jeunes ou vieux, hommes et femmes qui se dandinent dans une cadence éternelle. Certains bavent, la tête inclinée, le regard fixe ; celui-là, la bouche ouverte sur ses gencives vides, sautille en pétrissant son sexe ; un autre, le pantalon trempé d'urine se balance comme un levier de pendule, ses épaules frémissantes de tics, tandis qu'il répète inlassablement une phrase inaudible. Une aide soignante les fait rentrer dans une salle dont elle referme la porte à clef. Lorsqu'elle nous ouvre, d'autres malades s'approchent. L'un d'eux nous montre un beau dessin, un second nous parle du temps horrible qu'il voit dehors, plein d'éclairs et de tonnerre, de la pluie qui ruisselle à torrents là où nous ne voyons que le ciel brûlant de l'été. Un troisième court s'accrocher à la poignée de la porte en geignant :

« On y va, on y vaaa, on y vaaa !... »

Dans la pénombre du couloir, nous apercevons un fauteuil roulant. Dedans, nous découvrons ce qu'il reste d'une femme qui fut sans doute belle et maintenant bave sur sa poitrine, les bras attachés aux accoudoirs, les jambes pendantes et violacées. Elle gémit doucement puis brusquement hurle, hurle...

Mon Dieu, comment peut-on entasser ainsi, sans plus d'humanité, ces êtres si démunis ? Ces hommes et ces femmes auraient besoin d'amour et d'attention. Mais dans cette promiscuité ils ne font que s'effrayer les uns les autres ! Et c'est ainsi que l'on prétend soigner Sophie ? Soigner des êtres déchirés déjà par la conscience de la maladie, dévastés par une sensibilité suraiguë ? Croit-on qu'en les laissant dans leur fange et leur douleur, en leur offrant d'eux-mêmes ce spectacle dégradant et humiliant ils échapperont à la souffrance et reviendront à la paix ?

Dans ce pavillon de « défectologie [1] », comme l'appellent les psychiatres, rien, apparemment rien, n'est susceptible d'assurer une thérapeutique digne de ce nom ! Aucun espace, aucun personnel n'est prévu pour les malades en crise. N'importe où ailleurs, dans tous les hôpitaux de la ville, en cardiologie, en pneumologie, etc, laisserait-on croupir ainsi les patients ? Ne sont-ils pas traités en êtres humains, si atteints qu'ils puissent être ? Ne double-t-on pas le personnel soignant dans les services de soins intensifs ? Mais ici non. Pourquoi ?

Pourquoi cet abandon, voire ce mépris ? Pourquoi les malades mentaux, en plus de leur douleur inlassable, immense, doivent-ils être bannis de l'humanité ? Et sur

1. Probablement de « déféquer » ou « défécation ». Tout au moins, c'est ainsi que le personnel médical nomme ces zones de « rebut », où l'on considère d'avance qu'aucune thérapie sérieuse ne peut-être appliquée aux malades. À La Colombière, ils étaient alors deux : le n° 20 et le n° 17.

le lieu même qui devrait leur porter secours et soins : à l'hôpital[1] ?...

Peut-on me dire en quoi ce pavillon 20 est encore un lieu de soins et d'espoir ? Nous apprendrons un peu plus tard de la bouche même du Dr S. que ce pavillon sert en quelque sorte de « pavillon disciplinaire » où est affecté le personnel soignant qui ne s'est pas montré « à la hauteur » dans les autres services de psychiatrie !

Notre Sophie arrive enfin, soutenue par une infirmière qui se plaint :

« Votre fille a encore souillé les murs de sa chambre ! »

Cette fois, Christian prend le mors aux dents.

« Évidemment qu'elle a souillé sa chambre ! réplique-t-il furieux. Mais si vous ne la boucliez pas dans une prison, peut-être que cela n'arriverait pas ! »

D'un geste, je lui fais signe de ne pas poursuivre. Cela ne servira qu'à braquer un peu plus l'infirmière contre Sophie. Inutile d'aggraver encore sa situation. Tandis qu'il récupère le sac-poubelle contenant le linge sale, je retiens Sophie qui cherche à fuir en courant.

Nous n'avons que quatre heures à passer ensemble. Dès qu'elle arrive à la maison, elle se jette contre les meubles, court dans tous les sens comme un oiseau affolé. Nous lui donnons un bain mais il faut être deux pour la maintenir dans la baignoire. Elle s'apaise un bref instant et j'en profite pour la masser du mieux que

1. Birger Sellin : *Ils ne voient que mon bouclier autistique extérieur jamais mon être réel (...) nous sommes des êtres humains traitez-nous comme des êtres humains avec dignité et respect et compréhension...*, p. 172, *op. cit.*

je peux. L'habiller à nouveau tient du tour de force. Nous reprenons aussitôt la voiture, direction Mandagout. Christian conduit lentement, à l'arrière je m'efforce de calmer Sophie avec des histoires, des chansons. Finalement je parviens à une esquisse de sourire, une ou deux fois elle pose sa tête sur mes genoux, pour quelques secondes, dans une ombre d'abandon.

Dès notre arrivée elle se jette hors de la voiture et court chez son Pépé Fernand et sa Mémé Olga. Hélas, ils ne sont pas là. Elle revient en trombe dans la maison, entre et brise la vieille soupière posée sur la table. Pour éviter une nouvelle course folle contre les meubles, nous l'attirons sur la petite route qui serpente derrière la maison, entre collines et châtaigneraies. Sophie se rue droit devant elle. Nous courons à sa suite.

Mon Dieu, nous sommes tellement impuissants à l'aider que c'est presque un soulagement lorsque nous la raccompagnons ! Mais avec quelle honte, avec quelle culpabilité de devoir l'abandonner dans cet enfer ! Et nous insistons pour qu'elle puisse rester avec nous le prochain week-end. Même si cela semble inutile, elle a besoin de notre présence, de notre amour, de respirer autre chose que l'air fétide de sa cellule...

Une heure plus tard, de retour à la maison, j'ouvre le sac-poubelle contenant ses vêtements sales... Et je craque. Tee-shirts déchirés, slips en lambeaux puant l'urine, durcis par les excréments séchés... Toute sa douleur, tout l'émiettement de son corps sont là entre mes mains. Lambeaux de son effroi, de ses luttes, de ses guerres toujours perdues contre des monstres impossibles ! Une misère, une effroyable misère de solitude où nul ne parvient à aider mon enfant. Où il me semble que nul ne cherche vraiment à l'aider. Je serre ces débris d'elle contre moi. Tout infects qu'ils soient, ils sont elles. Son odeur, sa vérité, sa souffrance. Je l'imagine en train de hurler dans sa chambre, en train de se déchiqueter, de se réduire en miettes pour... Pour quoi ? Qui le sait ?

Je serre son champ de bataille contre moi et cette fois je pleure. Parce que je suis sa mère et que je ne peux pas même lui tendre une main dans l'obscurité qui l'engloutit.

Notre seconde semaine à Mandagout s'achève sans que nous ayons été capables de faire quoi que ce soit. Aucun des plaisirs qui s'offrent ici n'est acceptable. Pas de lecture, pas de bricolage, pas de jardinage, rien. Rien n'est possible ni même pensable tant que Sophie demeure « là-bas », dans les conditions que l'on sait. Tout ce que je parviens à faire, c'est me souvenir avec nostalgie des heures de joie, lointaines désormais, que nous avons connues ici.

Aujourd'hui, tout cela est si loin, perdu dans l'obscurité des souvenirs effrités. La réalité du jour, c'est que le Dr S. est de retour à La Colombière. Il est mécontent de l'antidépresseur prescrit par l'interne et qui serait la cause de la nouvelle agitation de Sophie. Il le supprime, change de neuroleptique, ajoute un anxiolytique, prescrit un somnifère plus puissant... L'escalade des drogues ne change rien, ne libère nullement Sophie de ses angoisses. Au contraire, elle s'agite de plus en plus, s'enfonce dans une douleur chaque jour plus cruelle.

Finalement, cédant à nos remarques, le Dr S. admet que l'ambiance du pavillon 20, n'est pas la plus propice à une évolution psychologique et nous accorde la possibilité de prendre Sophie avec nous le samedi et le dimanche suivants, de quatorze à dix-huit heures.

Nous attendons sa sortie avec autant d'impatience que de crainte. En fait cette sortie se déroule comme la précédente. Maison, bain, promenade en voiture puis dans les chemins frais des Cévennes... Des chemins à l'écart aussi vides de promeneurs que possible car si Sophie voit quelqu'un approcher, elle court vers lui. Son attitude étrange, ses mouvements brusques et son apparence physique délabrée font alors immanquablement peur à ces inconnus qui sursautent et se protègent d'elle comme d'une bête dangereuse. Parfaitement consciente de ce rejet, Sophie s'angoisse un peu plus, s'en veut, crie, entame une nouvelle lutte contre elle-même...

Nulle part elle n'a de paix. Elle ne peut rester assise que dans l'espace clos de la voiture. En tout autre lieu, elle ne se pose que le temps de rebondir, comme propulsée par un ressort diabolique. Le buste incliné, la bouche entrouverte, elle parcourt les couloirs et les pièces à petits pas mécaniques. Elle n'évite aucun obstacle, se heurte brutalement à chaque meuble. Son corps si maigre, ses membres aux muscles fondus sont couverts d'ecchymoses. Il est presque impossible de capter son attention et, si l'on y parvient, c'est à peine le temps d'une phrase, d'un regard...

Jamais elle n'a été aussi droguée et jamais elle n'est allée si mal.

Où va-t-elle ? Que va-t-elle devenir ?

Je ne crois plus que l'hospitalisation puisse tirer Sophie du gouffre qui l'avale. Hors la camisole chimique, il n'y a aucune prise en charge psychologique. La toilette et les repas des malades sont assurés mais, au lieu d'être un havre pour ces êtres en perdition, ce pavillon n'assure, en quelque sorte, qu'un service minimum face au néant et aux terreurs qui les assaillent.

Je comprends mieux maintenant ce sentiment de frustration et d'échec du personnel soignant de pédopsychiatrie, quelques années plus tôt, lorsqu'il devait se séparer de malades devenus adultes. Soumis à une mise à l'écart, parfois à un enfermement quasi carcéral, les autistes que ces éducateurs ont un peu libérés de leurs chaînes, vont replonger, seuls, irrémédiablement seuls, dans les terreurs lacérantes[1]. Sans stimulation, sans soutien, respect ni affection, l'autiste perd très vite les faibles éléments de communication qu'il a pu parvenir à établir et aussitôt son isolement s'accroît. C'est le retour dans sa prison intime, sa *caisse-à-personne*, comme dit Birger Sellin.

En conséquence, ce dont nous, Sophie et nous, aurions besoin, c'est d'un éducateur. Cependant l'hôpital n'acceptera jamais qu'un éducateur vienne s'occuper d'elle dans ses murs. Il faudrait le faire venir à la maison et par conséquent que Sophie puisse sortir pendant la semaine... Christian parvient à convaincre le Dr S. de nous laisser tenter l'expérience.

Reste à trouver un éducateur capable d'affronter cette tâche. Cela s'avère difficile. Plus difficile que nous l'imaginions. Mais je ne veux pas que Sophie reste enfermée le temps que nous dénichions cet homme rare. En l'attendant, c'est moi qui servirai d'« éducatrice ». Dès la première semaine de septembre, je peux la prendre le mardi et le jeudi après-midi.

1. Birger Sellin : *La peur de la peur est pratiquement toujours là...* p. 145, *op. cit.*

Christian est totalement repris par son travail et nos filles par le leur. Ils ne peuvent m'aider. Mais Christian m'accompagne jusqu'à La Colombière pour serrer Sophie dans ses bras avant de nous laisser, désolé et un peu inquiet.

Sophie ne va pas mieux depuis le week-end mais elle sait que désormais elle sera avec moi deux après-midi par semaine. Du haut de l'escalier du pavillon, j'entends ses premiers mots :

« Maman, merci maman !

— Mais de quoi, ma Sophie ? de venir te chercher ? Je viendrais tous les jours si c'était possible ! Je suis heureuse d'être avec toi ! »

C'est mon amie Céline qui, disposant encore de quelques jours de vacances avant la reprise scolaire, m'aide en ce premier après-midi. Céline a un fils autiste qui a dû faire de longs séjours en hôpital psychiatrique. Elle sait ce que c'est, elle connaît ce milieu, ses coutumes, ses traitements. Je lui ai parlé longuement de l'état de Sophie mais elle ne l'a pas vue depuis le début de l'été, alors qu'elle m'avait assistée tout au long d'un week-end infernal. Elle nous attend à la maison. Lorsqu'elle découvre Sophie, je vois ses yeux s'écarquiller.

« Mais comment est-ce possible ? Comment peut-elle être dans cet état ?... Jeanne-Marie, il faut que tu prennes des notes. Tout ce qui se passe à l'hôpital, les traitements... Note tout, précisément. Ce n'est pas possible qu'on laisse Sophie dans cet état. Prends un cahier et note tout pour que nous puissions ensuite contrôler ce qui se passe ! »

Sa réaction accroît encore mon inquiétude. Jusqu'à présent, j'avais envie de me révolter contre l'incurie de cette situation, mais je me disais chaque fois qu'il ne pouvait pas en aller autrement, que c'était là le fonctionnement de tout un système aberrant... La remarque de Céline m'incline à penser que c'est dans *ce pavillon-là* que quelque chose ne fonctionne pas. Mais que puis-je y changer ? Comment puis-je en sortir Sophie ? Plus précisément : dans l'état où elle se trouve, la sortir du pavillon 20 pour la mettre où ? Pour quelle thérapie ? quels soins ? quelle surveillance ? Éternelles questions sans réponses ; et c'est ainsi que nuit et jour Sophie retrouve sa chambre, sa cellule, sa fange !

Néanmoins, à partir de ce jour, comme me l'a conseillé Céline, je note tout. Je note les traitements chimiques toujours changeants, toujours croissants, toujours sans effet. Je note l'état de Sophie à chacune de ses sorties, les remarques et les comportements des soignants, je tente d'écrire l'étrange vie de ce pavillon où ma fille s'enfonce dans sa maladie...

« Merci maman, merci !... Merci maman, merci !... »

Ce sont les seuls mots que Sophie prononce pendant les deux heures que nous passons ensemble, mais elle les répète inlassablement.

Dans la salle de bains, je l'aide à passer elle-même de la crème sur ses jambes, ses bras, son pauvre visage aux cernes profonds, son front où les rides creusent déjà d'épais sillons. Un peu plus tard Céline tente de l'intéresser à un puzzle simple. Mais après dix minutes, Sophie bondit, court au garage, saisit son vélo jaune. Avant que nous puissions réagir elle est déjà en selle et file comme une flèche sur la petite route qui longe la maison. Par bonheur elle est peu fréquentée, mais l'agitation, les mouvements incontrôlables de Sophie rendent son équilibre précaire. Nous courons derrière elle. Tête baissée, elle pédale avec une énergie ahurissante. Et puis, soudain, elle tourne brusquement le guidon sur la gauche, traverse la route, saute par-dessus le petit fossé et va s'affaler contre la clôture d'une villa... Ouf, plus de peur que de mal !

Nous en profitons pour reprendre notre souffle et maintenir Sophie et son vélo, bien décidées à ne plus lâcher ni l'une ni l'autre. Mais elle tient absolument à repartir. Par chance, la route est pentue, elle ne pourra aller très vite. Céline court devant et, pliée en deux, retenant le vélo par le porte-bagages, je cours derrière. Sophie pédale, pédale. Où trouve-t-elle tant d'énergie dans son corps si affaibli ? Céline et moi sommes bientôt à bout de souffle. Mais nous n'avons pas le cœur d'interrompre cette cavalcade. Pour la première fois depuis si longtemps Sophie semble prendre un certain plaisir.

Est-ce de nous avoir piégées, de nous voir courir maladroitement, ou le simple soulagement d'user un peu de son énergie folle ? Sophie rit. Un pauvre rire, un rire nerveux et retenu qui semble remonter du tréfonds de l'abîme !

Mais au retour, il faut bien lui retirer le vélo. La pente est trop dangereuse et nous sommes incapables de la suivre. Alors elle retourne vers la maison, courant, titubant, et je cours derrière elle tandis que Céline ramène le vélo...

Dans la maison, à nouveau elle passe d'une pièce à l'autre, heurte les meubles, bouscule tout sur son passage. Nous ressortons et par le jardin rejoignons un chemin de garrigue. Là, il n'y a personne, elle peut courir encore mais il nous faut prendre garde qu'elle ne fuie pas vraiment ni ne s'écroule sur les pierres tranchantes...

Alors que je la ramène à l'hôpital, à nouveau elle reprend son : « Merci maman, merci ! » En vérité, je ne sais si ces deux heures que nous venons de passer en courses effrénées l'aident véritablement. Au moins a-t-elle pu dépenser un peu de cette force folle qui la brûle et peut-être pourra-t-elle mieux dormir ce soir ?

Le week-end suivant, Christian annule et repousse toutes ses réunions de travail prévues pour le samedi. Je prépare à l'avance les repas et nous allons la chercher à La Colombière comme prévu. Lorsqu'elle arrive à la porte du pavillon, nous la découvrons le visage couvert d'égratignures, en particulier autour de ses yeux !

Que s'est-il passé ? Est-ce de l'automutilation ? A-t-elle bousculé, ennuyé un de ses pauvres compagnons d'enfer ? A-t-elle été agressée ?... Aucun membre de l'équipe soignante ne s'est-il rendu compte de ce qui se passait ?... Malgré nos questions, nous ne saurons jamais les causes exactes de ces blessures.

En attendant, comme les yeux de Sophie commencent à s'infecter, il nous faut la soigner nous-mêmes pendant le week-end. La visite du médecin n'étant prévue que pour le lundi, aucun collyre ne pourra lui être prescrit d'ici là à l'intérieur de l'hôpital !

Cela fait, nous essayons ensuite, comme chaque fois, de lui redonner une silhouette un peu plus humaine. Nous sommes certains qu'elle a conscience du délabrement de son corps. Bien que quelques psychiatres s'obstinent encore à prétendre que, dans un tel état, un autiste ne peut avoir une perception juste de son apparence, nous restons persuadés du contraire. Même au plus fort de ses crises, Sophie a une connaissance aiguë de sa déchéance physique, du rejet que cela provoque chez les autres et de cette spirale de négations où son environnement même l'entraîne.

Aujourd'hui, alors que je m'apprête à la faire aussi belle que possible malgré son visage tuméfié, elle me dit :

« Maman, mes pieds sont tout pourris ! »

Oui, en effet, ses pieds sont « tout pourris » ! Des champignons se sont multipliés entre ses orteils et ses ongles. Des ampoules et de vilaines plaies couvrent la plante de ses pieds jusqu'aux talons. Malgré les douches quotidiennes, des restes d'excréments entourent toujours ses ongles. Depuis plusieurs semaines, nous avions préféré qu'elle porte des sandales plutôt que des tennis qui restaient en permanence imbibées d'urine. Mais elle est incapable de les supporter longtemps et finit toujours par les rejeter. En fait, aucune chaussure ne pourrait lui convenir. Elle marche sans cesse, est toujours en mouvement, ses pieds gonflent et se blessent. Elle passe des heures agrippée au hublot de la porte de sa chambre, piétinant sur place dans ses excréments et son urine...

Après lui avoir fait une toilette complète nous tentons de « faire passer le temps » aussi calmement que possible. Promenade dans la garrigue, puis le repas. Il nous faut manger chacun à notre tour car Sophie est capable d'attraper tout ce qui est sur la table pour l'engouffrer sans respirer, allant jusqu'à s'étouffer. Christian vit très mal ce moment et je préfère m'isoler avec elle.

Ensuite, nous commettons l'erreur de vouloir rester un peu dans la maison. Sophie alors s'empare de tout ce qu'elle trouve et le jette par terre. Elle ouvre brutalement placards et armoires, les vide de leur contenu, débarrasse à grands gestes le bureau de son père de ses dossiers et des livres qui se retrouvent éparpillés au sol comme après une mise à sac. En quelques instants la maison devient un champ de bataille...

Alors, une fois de plus nous partons pour les Cévennes. Mais il est impossible bien sûr de rester dans le mazet. Nous courons dans les châtaigneraies. Et là, à la moindre inattention, nous découvrons Sophie avalant des châtaignes pourries. Nous reprenons la voiture. Christian se met au volant et roule. Nous roulons. N'importe où, sans autre but que de rouler jusqu'à l'abrutissement. C'est encore là que notre Sophie s'apaise le plus et que nous, ses parents, sommes un peu capables de la soulager. Je lui parle sans cesse, lui raconte pour la distraire de son angoisse les mêmes histoires, les mêmes plaisanteries. Si, la bouche sèche, vidée de mots, je me tais, Christian, gentiment, m'enjoint de continuer :

« Parle-lui, parle-lui... »

Je lui demande de me remplacer un moment.

« Je vais conduire... »

Il passe à l'arrière mais n'arrive pas à contenir Sophie.

« Je ne sais pas faire, Jeanne-Marie. Je n'y arrive pas... Je ne peux pas ! Je vais reprendre le volant. À chacun son rôle ! »

Et, chacun dans notre rôle, nous devenons complémentaires pour notre Sophie qui au moins nous a tous les deux. Qui au moins ne se sent pas abandonnée.

Néanmoins, épuisés, nous prenons une terrible décision. Pour sa prochaine sortie nous allons faire faire un passe afin de pouvoir fermer toutes les pièces de la maison et ne laisser à Sophie que sa chambre, les couloirs, la mezzanine, l'escalier...

En fait, nous allons reproduire à notre tour un espace clos où l'enfermer ! Quel sinistre constat !

L'ironie sera que Sophie, comme par enchantement, ne mettra aucun désordre dans sa chambre. Mais elle ne cessera d'aller et de venir dans les couloirs, du haut en bas de la maison. Incapable de supporter cette course démente, je l'attire dehors dans le jardin. Là, elle fonce, tête baissée, indifférente comme toujours aux obstacles. Et je tremble à chaque seconde des blessures qu'elle peut s'infliger...

L'éducateur que nous espérons embaucher s'avère encore plus difficile à trouver que je ne l'imaginais. Je compte sur Mme Boyer et l'ancienne institutrice de Sophie, Mme Césari, pour m'aider dans cette quête. En attendant, je dois continuer à m'occuper seule de Sophie pendant les mardi et jeudi des quelques semaines suivantes.

La plupart du temps, il ne m'est pas possible de suivre les programmes que je tente de mettre sur pied et je dois coller au plus près des difficultés de Sophie et de ses angoisses du moment. En fait, seule, je ne parviens même plus à la baigner et rarement à la masser ou à la coiffer. Ensuite, il faut vite aller courir dans le petit chemin de garrigue derrière la maison.

C'est durant cette période que je découvre toute l'étendue des effets secondaires des neuroleptiques dont Sophie est gavée. On appelle cela le « syndrome parkinsonien ». Brusquement, ses pupilles se dirigent vers le haut. Elle marche alors la tête levée, sans voir ni savoir où elle pose les pieds. Elle va droit devant elle, son corps tout entier tendu à craquer. Ses membres raides, ses mains secouées de mouvements affolés, elle va, criant, hurlant, constamment au bord du déséquilibre et de la chute. Il m'est impossible alors de capter son attention et, si je tente de prendre sa main pour lui éviter une chute, une terreur folle la saisit. Elle m'attrape, devient violente. Capable d'une force inouïe, elle me saisit la nuque, enfonce ses ongles dans ma peau et serre, serre de toute sa poigne décuplée. Si ses doigts malencontreusement pressent sur la trajectoire d'un nerf, je sens mes bras se raidir, anesthésiés... Elle m'entraîne dans sa course, dans sa fuite, dans sa chute. Ses mâchoires sont presque bloquées, elle peut à peine parler, marmonne des mots que je finis par comprendre à force de répétition :

« Peur... j'ai peur... maman, j'ai peur... j'ai peur... »

Ou :

« Mal... j'ai mal... »

Et puis enfin la crise reflue. Alors, plus clairement, elle dit :

« C'est mieux... Ça va mieux... Sophie va mieux... »

Moi, je songe à toutes ces heures où elle est enfermée seule à l'hôpital et où ces crises se répètent. Là, elle n'a personne pour partager son mal. Personne vers qui hurler sa douleur et sa peur. Personne ne lui parle, personne ne prend le risque de lui saisir la main. Elle peut hurler à gorge déployée, personne ne l'entend. Ses démons peuvent l'assaillir et la dévorer vivante, elle est seule.

Dans ma rage impuissante, je me dis qu'on n'a rien trouvé de mieux qu'une manière d'incarcération chimique pour calmer l'angoisse d'une jeune femme autiste !

Voilà une belle et innovante thérapeutique en cette fin de siècle si fière de ses trouvailles « pointues et modernes » !

J'en veux à l'impuissance de cette machine pseudo-médicale, à l'indifférence et à l'aveuglement d'une Santé publique pas même capable d'un peu d'humanité. Et j'ai honte de ma propre impuissance à trouver une issue à ce calvaire.

Lorsque Christian et moi parlons avec le Dr S. et lui demandons pourquoi il continue à droguer Sophie avec des neuroleptiques qui, au bout du compte, accroissent son angoisse et en conséquence son agressivité, nous n'obtenons qu'une réponse vague et un regard lassé. L'aveu impossible est qu'il n'a plus d'autres recours « chimiques ». La sismothérapie a échoué ; les anxiolytiques seuls sont insuffisants ; les somnifères et les barbituriques ne parviennent même pas à provoquer un sommeil de quelques heures. Il faudrait ce qu'il manque irrémédiablement : une vraie présence humaine, la patience d'éducateurs, une autre structure, d'autres conditions, du personnel qualifié, une volonté thérapeutique et de l'espoir !

Il faudrait considérer les autistes adultes en crise autrement que comme des déchets humains... Est-ce vraiment impensable ?

Combien de temps cela va-t-il durer ? Combien de temps le corps ruiné de ma Sophie va-t-il pouvoir supporter ce qu'on lui fait subir ? Est-elle au fond du gouffre ou devra-t-elle aller encore et encore plus bas ? Et pourra-t-elle remonter un jour ? Je ne peux plus dormir. Je sens qu'elle ne dort pas et qu'elle est seule, là-bas, à tourner en rond dans sa chambre, de sa démarche saccadée. Je me lève et tourne dans la maison prise par la nuit. Je crois sentir contre mes narines la puanteur de sa chambre, je crois entendre ses cris, deviner ces hallucinations qui l'envoûtent et la terrifient. J'ai peur à mon tour. J'ai peur des heures présentes, peur des jours à venir. Je ne me sens pas le droit de dormir alors que là-bas... Je me mets à parler seule, à lui parler, à travers toute la distance, malgré les murs et les barreaux de sa cellule. Je lui dis que je suis avec elle, que je ne l'abandonne pas, je lui dis que je l'aime, que toujours je resterai près d'elle, qu'il faut qu'elle s'apaise, qu'elle se laisse aller au sommeil...

Au matin, Christian me trouve devant une tasse de café tiède ou en train de repasser. Merveilleuse activité, le repassage : rien n'empêche autant l'esprit d'être ailleurs. Là-bas, avec elle. Le regard de Christian est entre tristesse et reproche.

« Tu dois dormir... À quoi cela servira si tu craques ? Tu devrais prendre un somnifère et dormir un peu. Il faut que tu tiennes le coup. Que fera-t-elle sans toi ? Et nous ? »

C'est vrai qu'il faut tenir le coup. Sophie n'a pas atteint le fond. Le cauchemar continue.

C'est un jeudi. Je vais la chercher. Comme chaque fois désormais, je suis angoissée par ce qui m'attend. Je me sens prête à tout et, pourtant, la surprise m'anéantit.

Tandis que je ralentis à l'approche du pavillon et me gare, machinalement, je tourne les yeux vers la fenêtre de sa chambre. Ce que je vois me cloue sur place. Sophie est suspendue aux barreaux de sa fenêtre. Dans la lumière crue de l'été, ce n'est même plus un être humain, même plus ma fille que je devine, mais un de ces singes efflanqués et hirsutes que l'on voit dépérir dans les cages des zoos. Les pieds en appui sur le rebord de la fenêtre, le buste cassé sur ses cuisses, les bras rejetés au-dessus de sa tête, les mains solidement agrippées aux barres de fer, elle ricane en me voyant et découvre ses gencives rouges. Peut-être est-ce un sourire, un rire ? Dans son visage creusé et osseux, les expressions s'annulent toutes, grimaces de la douleur.

Je crois être entrée tout éveillée dans un cauchemar. Cette vision est insupportable. Pas vraiment consciente de ce que je fais, j'entraîne Sophie vers ma voiture. Je voudrais fuir, fuir. À la barrière d'entrée, des syndicalistes distribuent des tracts réclamant un accroissement du personnel. Je hurle :

« Battez-vous ! Battez-vous ! Ici ils mettent les malades derrière des barreaux, ils enferment ma fille comme un animal ! Vous trouvez ça normal ? Battez-vous ! »

Surpris par ma violence, ils me regardent avec compassion. Mais je n'écoute pas leurs réponses, j'appuie sur l'accélérateur, la voiture bondit. Je fuis avec Sophie. Vers nulle part.

Le lendemain, plus calme, j'ai le surveillant du pavillon au téléphone.

« Mais madame, me dit-il, comment voulez-vous que nous fassions autrement ? Il faut bien la protéger, d'elle-même comme des autres. Si nous la laissons dans le couloir, elle est tellement agitée, tellement agressive qu'elle s'en prendra aux autres malades et ils se défendront... Elle pourrait être blessée... Il n'y a pas d'autre solution, je vous assure. Ne vous inquiétez pas, elle finira par se calmer... »

C'est l'un des surveillants les plus ouverts du pavillon. Il a déjà fait preuve d'attention et d'affection envers Sophie. Je sais qu'il tente de faire de son mieux... avec les moyens dont il dispose. Mais cela ne reste pas acceptable.

Nous nous agitons, frénétiques. Je téléphone au Pr A., le pédopsychiatre qui s'était si bien occupé de Sophie et lui demande s'il ne pourrait pas faire comprendre au personnel soignant de La Colombière que, plus on traite Sophie ainsi, plus on aggrave son cas. Et, dans les jours qui suivent, je me rends compte du bénéfice immédiat de son intervention.

Ménageant les susceptibilités, il a expliqué l'hypersensibilité de Sophie, la conscience que les autistes peuvent avoir de leur situation même aux pires moments de crise et qu'un moyen de l'apaiser serait des promenades... Et, pendant quelques jours, le personnel du pavillon 20 fait effectivement un effort. Sophie a droit à quelques promenades dans le parc. Aussitôt, je leur témoigne ma gratitude. Mais ces promenades sont, hélas, très compliquées à organiser.

Le règlement précise que deux soignants doivent accompagner un malade s'il sort dans le parc. Or, il n'y a, par roulement, que quatre ou cinq soignants pour vingt-quatre patients... La plupart de ces patients nécessitent eux aussi une constante attention ! Le temps consacré à Sophie prive injustement les autres de soins et d'attentions. Autrement dit, pour soigner correctement l'une, il faudrait abandonner plus encore les autres... Un véritable cercle vicieux !

Entre-temps, et depuis plusieurs semaines, Christian se démène pour trouver une autre structure capable de prendre en charge notre fille avec des soins plus attentifs et plus personnalisés. Nous ne limitons pas nos recherches. Qu'importe les kilomètres et la complication si nous parvenons à trouver un havre où elle puisse jouir d'un peu de paix. Mais, d'Angleterre, de Belgique ou de Suisse, toutes les réponses qui nous parviennent sont négatives. En France, nous sommes absolument dépendants de l'hôpital de La Colombière, parce que notre lieu de résidence nous l'impose et parce que le pavillon 20 est officiellement spécialisé dans « l'accueil des autistes »...

Comme nous le craignions, il ne nous reste plus qu'à suppléer nous même à l'indigence de cet « accueil ». Il faut absolument trouver un éducateur capable de l'accompagner et de l'aider pendant ses sorties hebdomadaires. Mais qui ?

Qui saura faire face ?

Et en aura le courage ?...

4

Janvier 1993

Il me faut cesser d'agiter ces souvenirs.

Toutes ces horreurs sont du passé désormais.

Elles se sont produites il y a quelques mois, mais maintenant ce n'est plus pareil. Le feu crépite dans la cheminée du mazet à Mandagout, la nuit est une paix, Sophie dort à l'étage sans l'aide du moindre somnifère.

Demain, à son réveil, je sais que je la retrouverai souriante, avec cette beauté qui est la sienne et qu'elle a miraculeusement retrouvée...

Un miracle qui va durer combien de temps ?

Non, ce n'est pas une question qu'il faut poser.

Je sais que je ne devrais pas penser ainsi. Comme je ne devrais pas me souvenir avec tant d'acuité de l'enfer de l'été et de l'automne passés. Je ne devrais pas sentir le poids de ces souvenirs peser sur Sophie et nous tous comme l'épée de Damoclès...

Je devrais seulement me concentrer sur la joie de notre présent.

Car désormais les journées sont bien remplies et souvent pleines de satisfaction. Si Sophie, parfois, retrouve de petits gestes répétitifs qui la sécurisent — essuyer inlassablement la table ou laver un objet pendant de longues minutes —, elle prend de plus en plus d'initiatives.

Charlotte, ma petite-fille et sa petite nièce, est maintenant bien acceptée. De plus en plus souvent nous allons la chercher à l'école et elle vient déjeuner avec nous. Un jour, Sophie ne veut pas m'accompagner et me fait comprendre qu'elle a besoin de rester seule. L'heure d'une certaine autonomie semble avoir sonné... Il faut tenter l'épreuve.

Je file à l'école prendre Charlotte et en revient à toute vitesse. Je préfère ne pas imaginer tout ce qui a pu se passer pendant mon absence. Au moment d'entrer dans la maison, je reprends mon souffle et calme les battements de mon cœur. Je prends la main de Charlotte et pousse la porte le plus naturellement du monde.

Sophie est assise à la table de la cuisine et dessine paisiblement avec des feutres... Le miracle continue. Une nouvelle étape vient d'être franchie. Le soir, elle est fière de montrer ses dessins à son père et de lui faire comprendre qu'elle est restée seule. Christian, qui suit attentivement chacun de ses progrès quotidiens, est radieux. Et, au moment du coucher, je lui demande :

« Sophie, demain matin j'irai au marché faire des courses. Tu veux venir avec moi ?

— Non !

— Tu préfères rester ici pour faire la grasse matinée en m'attendant ?

— Oui ! »

Le lendemain, alors que je me presse dans les allées du marché, une bande d'acier m'enserre la poitrine. C'est bien la première fois depuis des années et des années que je la laisse seule ainsi. Mais Sophie a raison. Il faut essayer, aller de l'avant. Je sais qu'elle a conscience de l'effort qu'elle se demande.

Et ainsi, chaque jour s'enrichit d'une petite victoire. Faire son lit, débarrasser la table, remplir ou vider le lave-vaisselle deviennent des activités quotidiennes et presque banales. Puis c'est le rangement des couverts qui est renouvelé... Et, à dire vrai, d'une manière plus pratique et plus agréable à l'œil que celui que je pratiquais !

Oui, le miracle se poursuit...

Avec l'aide et les encouragements de Mme Boyer, nous la soutenons dans cet effort quotidien qu'il ne faut surtout pas relâcher. Chaque jour, nous devons ensemble grignoter sur son handicap, offrir de nouvelles possibilités. Ni trop, ni trop peu...

Le professeur de neurologie décide de supprimer complètement le Rivotril, cet anti-épileptique qu'elle prend encore à faible dose par prudence. Il est surpris par les progrès rapides de Sophie comme par la relation de confiance qui s'installe entre eux. D'ailleurs elle a vraiment retrouvé son charme. Ses yeux verts brillent de malice, elle fait la coquette, elle aime choisir de nouveaux vêtements. Il faut que je l'accompagne dans les magasins mais elle sait très bien ce qu'elle veut. Son goût est sûr, parfaitement à la mode et ses sœurs en restent aussi pantoises que ravies. Son père la complimente et elle s'admire chaque fois qu'elle passe devant un miroir. Une moue de satisfaction, un regard vers moi, un sourire espiègle !

Le dimanche soir nous retrouvons avec un intense plaisir nos grandes réunions familiales où filles, gendres et petits-enfants, chacun est présent. Merveilleuse famille ! Toujours prête à partager. Hier le pire et aujourd'hui la joie et l'effort de renaissance de Sophie. Chacun s'évertue pour qu'elle se sente le moins possible « différente ». Cathy soudain lui demande :

« Sophie, tu me rendrais service si tu donnais le biberon à Marion... »

Un peu tremblante malgré tout, elle confie son petit bout de chou de six mois. Sophie, avec le plus grand naturel, s'installe sur le canapé, pose Marion sur ses genoux et lui donne le biberon comme si elle avait fait cela toute sa vie ! Ensuite, ensemble, nous changeons et langeons ce calme bébé. C'est moi qui ai les gestes les plus raides et maladroits, tant je suis stupéfaite et émue !

Plus tard, Pascale propose :

« Sophie, je suis prise mercredi, est-ce que tu pourras promener Claire dans sa poussette quand elle sera là ? »

Et puisque tant de choses semblent possibles, je suggère que nous partions quelques jours à la neige. Des amis nous prêtent un appartement aux Angles, dans les Pyrénées... Pourquoi pas ?

Nous abandonnons Christian à son travail. Sophie adore les départs et les voyages. Aux Angles, je vais chaque jour de surprise en surprise.

Bien droite sur ses skis de fond, Sophie avance dans les rails de neige. Elle qui ne supportait d'ordinaire aucune contrainte « sociale » se plie sans effort apparent au sens de circulation de la piste. Sa seule crainte sont les descentes où elle se laisse tomber. Au retour à la maison, elle s'essuie sagement les pieds sur le paillasson, range, essaie de faire la vaisselle, se distrait avec des puzzles ou en « dessinant » avec ses feutres...

Plus jamais elle ne s'immobilise dans cette pesante passivité qui, autrefois, pouvait durer des heures.

Les Angles, c'est un tout petit village avec deux rangées de commerces de chaque côté de la route. Le lieu idéal pour tenter d'accroître son autonomie. Je profite d'une question de Sophie :

« Maman, tu crois qu'ils sont bons, les bonbons au village ?

— Sophie chérie, si tu me disais tout simplement *Maman, j'ai envie de manger des bonbons !* ... Tu as parfaitement le droit d'être gourmande ! »

Il me faut un bon quart d'heure pour arriver à lui faire dire clairement ce : *Maman, j'ai envie de manger des bonbons*... Alors, malgré ma frousse, je lui donne un peu de monnaie pour aller, *seule*, acheter ses bonbons, tout en lui recommandant de revenir très vite.

Un quart d'heure passe. Vingt minutes... Pas de Sophie. Je descends, me précipite vers les commerces... Et la retrouve dans le magasin. Elle a acheté ses bonbons, tendu sa pièce, mais n'a plus l'intention de s'en aller du magasin. Les commerçants me voient arriver avec un soulagement bien visible !

Lorsque nous repartons, je passe à la boulangerie et préviens que, dès demain, ce sera Sophie qui achètera notre pain... et qu'il faudra lui enjoindre fermement de retourner à la maison ! Hélas, le lendemain elle se fait encore attendre. Je pars à nouveau à sa recherche et cette fois ne la découvre nulle part. Je prends la voiture, fais plusieurs fois le tour du village, rien.

Tâchant de me raisonner et de me calmer, je reviens à la maison pour appeler la gendarmerie. Sophie, souriante, est assise sur le canapé et grignote fièrement un morceau de pain !

Grâce à la gentillesse et à la compréhension des commerçants, il suffira de quatre jours pour qu'elle puisse, seule et sans problème, aller chercher notre pain !

Au retour de cette parenthèse dans la neige, je me sens ancrée désormais dans mon rôle d'éducatrice. Je décide de mettre sur pied un véritable programme quotidien pour solliciter Sophie et la « pousser », comme dirait Mme Boyer. Alors qu'autrefois elle se montrait rétive à toutes sollicitations, elle est aujourd'hui pleine de bonne volonté. J'en profite et étoffe nos activités : toilette, petit déjeuner, ménage de la chambre de Sophie, jogging, natation, garde des petites nièces et bientôt yoga ou même aquarelle !...

Le petit déjeuner, la toilette, le rangement de sa chambre nous prennent plus de deux heures. Chaque geste est un petit travail : remplir le bol, le mettre dans le micro-ondes, garder ma main sur la sienne pour qu'elle patiente jusqu'au déclic de la minuterie..., Il faut la solliciter en permanence :

« Lave ton pied droit... Et maintenant le gauche... Tes jambes... Ferme le robinet d'eau chaude, voilà, c'est bien !... Allez, ma Sophie, essuie-toi, les bras... »

Mon grand étonnement est qu'elle ne se rebelle pas alors qu'autrefois, même aux meilleurs moments, je n'obtenais que refus et blocages devant ces sollicitations. Parfois, sans que je puisse en comprendre la raison, elle fait son lit parfaitement. Ou, dès que je le lui suggère, prend le sèche-cheveux, appuie sur le bouton et se sèche alors que demain elle sera incapable de faire marcher le même appareil. Aujourd'hui l'aspirateur n'a aucun secret pour elle, n'est qu'un outil banal ; demain, après demain, il deviendra une machine énigmatique et inutilisable !

En fait rien n'est plus déroutant que l'autisme pour qui veut être « pédagogue ». Ce que l'on croit enseigner est déjà su, la plupart du temps, mais la volonté de réaliser une tâche ou d'exprimer un savoir est totalement aléatoire, soumis à une volonté indiscernable et toujours fluctuante. C'est le « pédagogue » qui apprend : ne pas s'attacher à certains détails, contourner les blocages, mettre en confiance, esquiver les pièges des oppositions. Et, parfois, savoir ne pas « demander » pour ne pas créer une situation inextricable !

Ainsi, Sophie fait-elle ce qui lui plaît, quand cela lui plaît...

Néanmoins, les avancées sont indéniables et constantes.

Comme sa main gauche reste récalcitrante bien qu'elle ne semble atteinte d'aucune lésion irréversible, une rééducation s'impose. C'est à priori le type même d'effort qu'elle peut fort bien refuser. Mais le kinésithérapeute de notre village, prévenu des difficultés qu'il risque de rencontrer, s'y prend avec beaucoup de circonspection et de patience. Après quelques semaines, Sophie, qui a parfaitement joué le jeu des deux séances hebdomadaires, retrouve l'usage parfait de sa main !

Par contre, toutes les tentatives pour répéter l'expérience de l'achat du pain et la rendre un peu autonome échouent. Elle se rend volontiers seule dans les magasins mais, lorsqu'elle a obtenu sa commande, elle n'en ressort plus, au grand agacement des commerçants. À moins qu'elle ne se perde sur le chemin du retour !

À l'inverse, elle « garde » fort bien la maison lorsque je vais faire les courses. Elle accepte de mieux en mieux la présence de ses petites nièces et joue volontiers avec elles... À condition toutefois que je ne leur témoigne pas un trop grand intérêt moi-même !

La piscine devient aussi une bonne activité de détente. Ses mouvements sont un peu étranges et elle n'a aucune intention de les rendre plus orthodoxes. Cependant, elle nage efficacement et avec de plus en plus de plaisir. Les longueurs s'accroissent, elle est fière de montrer qu'elle peut nager plus vite que sa sœur ou sa mère... Le jogging, lui, doit être abandonné. Incapable de suivre un rythme régulier, elle sprinte jusqu'à perdre le souffle et s'arrête, épuisée...

Hélas, aucune de ces activités ne peut se réaliser sans une constante sollicitation. Il suffirait de la livrer une journée à elle-même pour qu'elle retombe dans une hébétude mutique que l'on connaît trop bien. Néanmoins, même si je dois sans relâche jouer le rôle de l'aiguillon, c'est un extraordinaire bonheur que de la voir, pas à pas, à sa manière, prendre le chemin d'une vie plus sociable et plus ouverte, vivable au moins.

Mais mon investissement total auprès de Sophie implique beaucoup de frustrations pour tous les autres membres de la famille et d'abord pour ses sœurs. Elles ont l'impression d'avoir perdu leur mère. Je ne suis jamais seule, jamais elles ne peuvent parler avec moi en tête à tête, me confier leurs espoirs et leurs soucis. Pour elles, Sophie et moi formons désormais un indissociable binôme.

« Maman, tu te rends compte qu'on ne fait plus rien toutes les deux, proteste Patricia. Il n'y a que Sophie !

On ne sort pas ensemble, on ne va même pas en ville... »

C'est un cri du cœur, comme toujours avec Patricia. Ce n'est ni de la jalousie ou de la dureté envers Sophie, mais un simple constat. Et une peine : elles aussi ont besoin d'une mère, de son sourire, de son réconfort, de son attention... Même mariées, mères elles-mêmes, elles ont besoin de moi comme, à vrai dire, j'ai besoin d'elles, de leur force et de leur amour.

« Et, de toute façon, combien de temps vas-tu tenir ainsi ? demande Marie-Annick. Tu ne peux pas vivre sans jamais t'occuper de toi, de papa ou de tes petites-filles... Tu dois te soucier d'autre chose que de Sophie, au moins de temps en temps ! Ce n'est pas possible de vivre comme tu le fais !... »

C'est vrai. Je sais qu'elles ont raison. Je sais aussi qu'il vaudrait sans doute mieux pour Sophie elle-même qu'elle ne soit pas soumise à ma seule présence. Il serait bon qu'elle puisse reprendre confiance et poursuivre son chemin avec d'autres... Mais comment ? Chercher à nouveau un établissement spécialisé ? Je le veux bien, même si je me doute que nous allons une fois de plus nous heurter à l'éternelle réalité : qui acceptera de se charger de Sophie ? Et en cours d'année qui plus est ?

Par l'intermédiaire d'un ami psychiatre, Christian obtient un rendez-vous avec la directrice d'un centre pour handicapés. Cette institution n'est pas à proprement parler conçue pour l'accueil des autistes mais elle en reçoit cependant quelques-uns. De plus, notre demande est assez modeste : il suffirait que Sophie y soit accueillie deux ou trois demi-journées par semaine.

Avec elle, à deux reprises, je vais visiter l'établissement. Les difficultés, toujours les mêmes, sont aussitôt évidentes : incapable d'exécuter la moindre tâche seule, sans le soutien d'un éducateur, Sophie ne peut être admise dans le CAT[1]. Quant au Foyer occupationnel, qui accueille les jeunes ayant les plus grosses difficultés, il est assez inadéquat.

De plus, il apparaît très vite que la directrice de l'institution elle-même ne semble pas souhaiter prendre Sophie. Elle restera donc à la maison pour l'instant.

Mais je vais tenter de la faire évoluer le plus vite possible vers une certaine autonomie afin qu'elle puisse, à la prochaine rentrée, intégrer un nouveau CAT dont l'ouverture est prévue prochainement près de Montpellier... Cela semble un objectif assez raisonnable.

Ainsi donc, pour l'heure, Sophie et sa maman restent indissociables...

« Pourquoi ne pas emmener Sophie au yoga ? suggère Mme Boyer. Cela lui ferait certainement du bien. Son corps reste très contracté... Vous devriez essayer. »

Pourquoi pas en effet ? À condition que son « étrangeté » puisse être acceptée par les autres membres du cours...

Leur indulgence et leur gentillesse sont mises à l'épreuve dès le début de la première séance. Comme tous les cours de yoga, celui-ci débute par une méditation chantée en sanscrit. Sophie a toujours eu un très grand sens du comique des situations. Lorsqu'elle découvre ces gens bizarrement installés en cercle, les

1. Centre d'aide par le travail.

mains jointes sur la poitrine, les yeux fermés et la tête baissée, ânonnant des incantations incompréhensibles, elle est prise d'un tel fou rire que le chant doit s'interrompre ! Mais, par bonheur, personne ne s'offusque de cette rieuse interruption. Tous les participants restent souriants et le professeur aimable...

Un peu plus tard, Sophie apprécie la relaxation. Si elle ne réalise que peu de mouvements, elle semble en revanche très intéressée par les explications que donne le professeur sur le fonctionnement du corps. De séance en séance, elle fait d'infimes progrès dans les étirements. Néanmoins, le plus important est qu'elle se sente à l'aise parmi les autres. Un terme de sanscrit va devenir un fétiche pour nous : *santoshah*, être « un peu content de soi ». Écrit à la maison sur la porte du réfrigérateur, nous nous plairons à le lui faire répéter de temps en temps, lorsqu'elle vient de réussir un petit pas de plus sur son long chemin.

Le cours d'aquarelle, auquel j'ose demander qu'on nous accueille, se passe lui aussi du mieux possible. La première fois, l'angoisse me noue la gorge. Je reste sur le qui-vive. À chaque seconde, je crains que ma fille se mette à parler trop fort, dérange tout le monde ou que, d'un brusque mouvement, elle renverse ces tables à dessin, si peu stables sur leurs fins tréteaux... Combien de temps sera-t-elle capable de « tenir » ?

Mais non ! Aucune catastrophe ne se produit. Et même, avec un peu d'aide, elle accepte d'abandonner ses dessins habituels si proches du gribouillage ou, à tout le moins, d'une abstraction opaque pour tout autre regard que le sien.

Trois heures miraculeuses passent sans même que l'on s'en aperçoive. Sophie peint une citrouille avec une minutie qui me laisse pantoise. Mieux encore : elle accepte de poser son dessin à côté des autres pour le soumettre à la critique du professeur !

« C'est bien Sophie. C'est pas mal pour un début... »

Une chance qu'il ne soit pas plus enthousiaste ! Qu'il ne voie pas ce que je vois ! Jamais, tout simplement jamais Sophie n'est encore allée si loin dans la maîtrise de ses gestes, dans son attention et son respect des « codes » réalistes...

À la maison, elle devient de plus en plus active. Elle en a d'ailleurs une très exacte conscience.

Lors d'une soirée de week-end que nous passons à Mandagout, elle décide d'équeuter et de couper elle-même des fraises. Christian et moi, ravis, l'admirons du coin de l'œil en nous réchauffant devant la cheminée. Soudain, de sa voix rude, elle déclare :

« Il travaille, le petit écureuil ! »

Comme beaucoup d'autistes, Sophie n'emploie que très rarement le *je*, mais use souvent d'un substitut, une sorte de *je* décalé, pour dire ce qui lui est important. Ce substitut est aussi pour elle un moyen d'accepter ce qu'elle refuserait en son propre nom. Au fil des ans, nous avons appris à dialoguer et à contourner certains interdits de l'autisme par le truchement de ces « personnages parallèles ». Toutefois, nous n'avions encore jamais entendu parler du *petit écureuil*.

« Oui ! répond Christian avec un sourire de contentement. Il travaille vraiment, le petit écureuil. Et il aime ça, travailler ?

— Oui !

— Est-ce que plus tard, ce petit écureuil aimerait travailler à la boulangerie, chez sa sœur Cathy, par exemple ?

— Oui !

— Et comme il travaille à la maison pour aider son papa et sa maman, le petit écureuil voudrait peut-être aussi qu'on lui donne un salaire en contrepartie ?

— Oui ! »

Même s'il semble symbolique, cet accord nous ravit. C'est le signe, enfin, d'une volonté d'intégration à l'univers social. Comme chaque autiste, Sophie subit un lourd et intime interdit intérieur qui d'ordinaire bloque toute acceptation de ses propres capacités. Reconnaître qu'elle souhaite ou qu'elle se sent capable d'accomplir une tâche méritant salaire, voilà un pas très important.

Mais ce soir, *le petit écureuil* est particulièrement bavard.

« Il a des enfants, le petit écureuil ? demande-t-elle soudain.

— Non... pas encore. Mais il est très capable d'en avoir, comme ses sœurs. À condition qu'il rencontre un jeune homme, bien sûr.

— Ah !

— Est-ce qu'il est prêt à rencontrer un garçon, ce petit écureuil ?

— Non !

— En fait, il peut très bien ne pas avoir d'enfant. Ce n'est pas une obligation. Tous les petits écureuils n'ont pas d'enfant.

— Ah !... »

La discussion est aussitôt close. Ce n'est pas la première fois qu'elle aborde ce sujet hautement délicat. Chaque fois, cela nous laisse devant une interrogation douloureuse. Comme si nous ne percevions que la part visible d'un iceberg de frustrations et d'amertumes difficiles à imaginer. Que représente pour elle l'amour d'un couple, le désir ?... Sans doute la même chose que pour tout le monde. Mais sans doute avec l'abîme conscient de l'impossibilité.

Lorsque, un peu plus tard, elle vient embrasser Christian pour lui souhaiter une bonne nuit, il la serre très fort dans ses bras :

« Tu sais, ma Sophie, le petit écureuil grandit beaucoup en ce moment. Je crois que désormais, tu vas devenir mon grand écureuil. Tu veux bien ?

— D'accord ! »

Et c'est encore une nuit belle et calme qui nous attend.

Nous avons assez lutté et peiné pour savoir prendre le bonheur quand il vient. Et il est là. Dans cette paix douce d'une nuit, dans le sommeil de Sophie, dans ses mots, sa conscience et sa confiance nouvelle qui lui permet même de songer au « luxe » de l'amour.

Oui, nous sommes heureux. Même si je ne peux m'empêcher d'avoir l'impression de vivre en permanence sur le couvercle mal refermé de l'enfer. Le répit, l'espoir... pour combien de temps ? Je ne sais pas. Nul ne sait.

En fait, je ne devrais pas me poser la question. Je devrais avancer en aveugle et c'est bien ce que je tente de faire le plus souvent. Mais la crainte, la terreur du pire toujours possible, est un poison lent qui coule en permanence dans mes veines. Non sans raison.

L'hospitalisation à La Colombière, l'usage massif des drogues ont laissé des traces indélébiles. Pas seulement dans nos esprits mais, plus de six mois après, dans le corps même de Sophie.

Elle n'a toujours pas ses règles et il faudra sans doute des mois et des mois pour que son cycle se reconstitue. En outre, et c'est plus inquiétant, ses intestins sont incapables de retrouver une activité normale. Malgré toutes les tisanes et laxatifs, sa constipation est chronique. Les séances aux toilettes sont douloureuses et humiliantes...

Pourtant il faut vaincre la peur. Il faut l'exorciser.

Depuis des mois que je me rends à Montpellier avec Sophie, jamais encore je n'ai osé prendre la route directe qui passe devant La Colombière et le pavillon 20. Chaque fois, nous accomplissons un grand détour pour ne pas voir ces grilles vertes, cette lourde bâtisse ancienne qui ressemble tellement à une prison avec ses murs gris surmontés par endroits de barbelés. Jamais, d'ailleurs, je n'ai eu le courage d'aller y rechercher les affaires de Sophie abandonnées là depuis le jour où il fallut la sortir en urgence de sa chambre-cellule.

Mais aujourd'hui, il y a dans l'air la première tendresse du printemps, l'espoir de la lumière. Sophie semble sereine et solide. Je décide de faire le pas.

Plus nous approchons de l'hôpital, plus je sens mon ventre se nouer. Le regard de Sophie se durcit. Nous sommes silencieuses.

Alors que nous abordons la longue et morne façade, il me faut ralentir à cause du feu tricolore. Sophie regarde droit devant elle, le visage sévère. Brusquement elle dit :

« Et même la fenêtre était fermée ! »

Sans que je puisse contrôler mon émotion, une boule poisseuse et âcre gonfle dans ma poitrine. Je regarde le feu passer au vert et revois les barreaux de sa chambre où ses mains se sont agrippées comme tant et tant d'autres mains, suantes de peur et de douleur, si bien qu'à leur emplacement le fer a rouillé.

J'accélère et fuis devant la façade maudite. Je dis :

« Sophie, il n'y a plus d'hôpital maintenant. Pour toi il n'y aura plus jamais de barreaux aux fenêtres. Plus jamais de fenêtres fermées. Tu as été très malade et très malheureuse là-bas, je le sais, ma Sophie. Mais c'est terminé. Je te le promets : plus jamais tu n'iras dans cet hôpital. Plus jamais. Je te le promets ! »

J'accélère et fuis la grille verte, les murs et les barbelés. Je sais que je tiendrai ma promesse. Je ne sais pas encore tout ce qu'elle implique. Je ne peux pas le savoir. Mais je sais que j'ai peur. Comme Sophie.

Hélas, nous avons beau nous en éloigner, l'hôpital a beau n'être plus visible même dans le rétroviseur, les horreurs de l'été précédent sont trop ancrées en nous pour que nous puissions les effacer. Elles sont devenues la chair secrète de nos pensées. Tandis que nous continuons à rouler en silence dans ce printemps plein de promesses, elles m'envahissent et m'aveuglent.

Elles sont de nouveau là, morsures bien réelles de la mémoire et de la crainte.

5

Octobre 1992

Durant tout le mois de septembre, nous avons cherché l'éducateur qui m'aiderait à prendre en charge Sophie deux après-midi par semaine, lui permettant ainsi, pendant quelques heures, de respirer un peu d'air et d'humanité hors de l'hôpital. Début octobre, nous pensons enfin avoir trouvé cette perle rare.

Il se prénomme Jean-Pierre, il a vingt-cinq ans environ. Il est mince, souriant et plein de bonne volonté. Éducateur spécialisé, il m'a expliqué tout ce qu'il sait faire, poterie, photographie, etc., pour distraire et intéresser les jeunes handicapés dont il s'occupe ordinairement. Moi, je lui ai raconté Sophie, son agitation, sa vie à l'hôpital, son agressivité, ses peurs... Je crois lui avoir fait une description assez précise de la situation mais, dès le premier mardi où il nous rejoint, la réalité s'impose d'elle-même. Pire sans doute que ce qu'il pouvait imaginer.

La maigreur, l'apparence physique de Sophie sont un premier choc [1]. Il n'est bien sûr pas question que nous

1. Birger Sellin : *Des personnes comme birger fichent la trouille...*, p. 118, *op. cit.*

puissions faire un semblant de présentation. L'agitation de Sophie est telle que nous devons immédiatement trouver un moyen de la canaliser.

On vient de nous livrer du bois pour l'hiver. Je suggère que nous le mettions à l'abri d'un escalier. Durant quelques minutes, Sophie accepte de déposer les bûches dans la brouette. Mais très vite elle s'échappe, court dans l'allée pentue du jardin, au bord du déséquilibre. Nous la suivons sur la route. De toute évidence ses pieds enflammés et gonflés la font souffrir mais elle est incapable de s'arrêter. Elle avance avec ses petits pas chaotiques, saccadés mais rapides, comme au bord de la brisure...

Tandis que nous la suivons, je donne quelques informations supplémentaires à Jean-Pierre, lui explique comment réagir dans la situation où nous nous trouvons, comment lui parler, montrer notre soutien, l'écouter, même si elle crie...

« Ce dont elle a surtout besoin, c'est d'une présence. Elle doit comprendre que nous sommes là pour elle, quoi qu'il arrive... »

Jean-Pierre me répond d'un hochement de tête, perplexe. A-t-il imaginé, avant d'accepter, à quoi allait ressembler son travail ? Imaginait-il que ce serait aussi dur, une espèce de voyage sur les marges de l'humanité ? Il est probable que non. Personne d'ailleurs ne pourrait l'imaginer sans en avoir fait l'expérience.

Ce premier jour, nous courons donc derrière Sophie. Mais je compte malgré tout sur la présence du jeune éducateur pour changer et agrandir l'horizon de nos « promenades ». Sophie est souvent sensible aux changements d'espace. Dès la semaine suivante, nous allons au bord de la mer, ou dans les grands jardins publics à l'extérieur de Montpellier. Ils ont l'avantage d'être peu fréquentés. Aussi souvent que possible, je tente de me tenir en retrait, de m'asseoir sur un banc pour laisser Sophie en présence de Jean-Pierre. Il me semble que ce tête-à-tête avec cet homme jeune et gentil peut lui plaire. Et aussi reposer notre propre relation si duelle qu'elle doit inévitablement finir par lui peser.

Bien que je sente croître sa crainte devant l'agressivité de Sophie, Jean-Pierre fait de son mieux pendant deux semaines. Ces sorties me semblent positives. Même si l'état de Sophie ne s'améliore pas, grâce à ces quelques bols d'air, peut-être parvenons-nous à éviter qu'il empire. Aussi, je les fais durer le plus longtemps possible. J'en profite pour lui faire des goûters riches en calories qu'elle engloutit en un éclair, manquant de s'étouffer. Son poids, hélas, ne s'en relève pas pour autant. Il semble que son corps brûle littéralement toute son énergie pour le seul profit de son angoisse et de ses peurs !

À l'hôpital, en revanche, ces instants de « liberté » semblent de moins en moins bien appréciés.

« Votre fille est très agitée à chacun de ses retours, m'explique-t-on. Elle a pris l'habitude de badigeonner la porte de sa chambre avec ses excréments !

— Et juste au moment du changement d'équipe, ajoute le Dr S. À croire qu'elle le fait exprès ! »

Je comprends leur colère... Mais je comprends encore mieux Sophie. Le Dr S. a probablement raison, mais il devrait aller au bout de son raisonnement. Oui, Sophie le fait exprès. Manier ses excréments est à peu près le seul langage qu'il lui reste pour hurler sa révolte, la haine de sa cellule, son refus de l'enfermement et du manque d'attention, son horreur des barreaux, des portes bouclées à double tour...

Un après-midi, alors que je la raccompagne au pavillon, j'ai beau sonner, personne ne vient. Je m'aperçois que la porte est pourtant ouverte. Il est impensable de laisser Sophie livrée à elle-même et je l'entraîne dans le hall. Toujours personne...

Je m'approche avec prudence de la « salle de séjour ». Un poste de télévision débite un feuilleton, le volume poussé à fond. Les dialogues ressemblent à des hurlements. Deux malades sont assis dans un coin, totalement indifférents à ce vacarme. Je reconnais la femme toujours attachée à son fauteuil roulant. À côté d'elle, un homme est recroquevillé sur une chaise, les bras serrés autour de ses jambes, la tête inclinée sur le coté, le visage ahuri, il bave. Mais toujours aucun aide soignant.

J'hésite à entraîner Sophie plus loin dans le couloir. L'entrée du service est strictement interdite aux parents. Et, pour dire la vérité, j'ai peur. Je me sens brusquement tellement oppressée que j'ai du mal à respirer et que je me mets à trembler. Mais je veux atteindre la chambre de Sophie. Je sais où elle se trouve. Plus loin, là-bas sur la gauche. Son hublot justement donne sur la salle de repos du personnel.

J'entraîne Sophie, je me sens de plus en plus mal, je pousse la porte de sa « chambre ». Par terre, un matelas recouvert de plastique, les barreaux rouillés de la fenêtre, aucun meuble. Et une odeur. Une odeur âcre, surie, infecte, qui vous prend la gorge à la moindre respiration. Je hais ce lieu. Je le hais de toutes mes forces. Je le maudis. Je ne peux pas être celle qui fait entrer sa fille dans cette tanière puante.

Je serre la main de Sophie et recule. Je l'entraîne vers la sortie. Nous parvenons à la porte et cette fois j'y trouve un surveillant en conversation avec une collègue du pavillon voisin. Ils nous regardent bizarrement. Je me sens tellement honteuse, tellement en faute. Je balbutie :

« Je vous cherchais... Je vous cherchais, il y a un moment que je vous cherche...

— Nous avons eu droit au minibus aujourd'hui, répond le surveillant. C'est calme. Presque tout le monde est parti en promenade et ils ne sont pas encore revenus. »

Je suis incapable d'ajouter un mot. Je lui confie Sophie et quitte le pavillon. Seule et libre. Je suis une mère qui, trois fois par semaine, ramène sa fille en prison pour un crime qu'elle n'a pas commis.

Un mardi de la mi-octobre, Jean-Pierre, l'éducateur, téléphone pour s'excuser : sa voiture ne veut pas démarrer et il ne nous rejoindra pas pour la sortie de Sophie. Le jeudi suivant il vient, mais arrive très en retard. Ce jour-là, Sophie est très perturbée. Nous ne cessons de courir derrière elle et je me rends bien compte que, seul, Jean-Pierre ne parviendrait pas à la maîtriser. Sa peur, d'ailleurs, est de plus en plus évidente.

La semaine suivante il ne vient ni ne téléphone. C'est fini. Nous ne le reverrons plus. Je lui envoie son salaire par la poste et plus jamais je n'aurai de signe de lui. Je ne lui en veux pas. Je comprends sa peur et le poids de la tâche que je lui demande. Je comprends aussi la honte qu'il ressent, peut-être, devant sa fuite. Sophie n'est pas son enfant et il n'a pas à réaliser l'impossible.

L'expérience a donc échoué et les grands espoirs que je mettais dans l'aide d'un éducateur professionnel sont réduits à néant. Cet échec est parfaitement symbolique de l'impasse dans laquelle nous nous trouvons. Sans doute devrions-nous chercher encore et encore un autre éducateur... En sachant que nous n'avons presque aucune chance de trouver quelqu'un qui puisse faire face. Ce n'est pas sans raison si des êtres comme Sophie, la plupart du temps, sont abandonnés de tous. Dans la mesure où ceux dont c'est la vraie responsabilité, le vrai métier, et théoriquement l'engagement et la formation, ne parviennent pas eux-mêmes à faire face, pourquoi d'autres se sacrifieraient-ils à leur place ?

De fait, au pavillon 20, tout va de mal en pis. Alors que l'on croit enfin avoir touché le fond, on s'aperçoit que le gouffre possède encore bien des ressources.

Le jeudi suivant, alors que je viens d'assumer seule la sortie de Sophie, je la raccompagne à nouveau. Cette fois, dans le couloir, une petite troupe de malades est agglutinée autour d'une aide soignante. Apparemment ils sortent de la douche et sont tous, hommes ou femmes, affublés d'un sinistre uniforme : une sorte de chemise de nuit blanche bordée d'un biais bleu. Leurs mollets maigres s'agitent. On devine sous le tissu leurs corps nus.

Dans le hall, seule, il y a une nouvelle venue. Je reconnais aussitôt en elle les mouvements répétés et compulsifs de l'autisme. Accroupie, elle se balance d'avant en arrière, pareille à une machine au ressort fou. Elle porte aussi la chemisette, mais ses jambes grandes écartées l'ont remontée sur son ventre. Son sexe béant s'offre à tous, malades ou soignants... Cette vision me pétrifie.

Ces hommes et ces femmes ne sont que des fantômes de souffrance. La maladie et l'hôpital leur ôtent toute distinction, toute identité. On croit pouvoir les exposer au regard les uns des autres sans la moindre pudeur, comme si leur corps n'était plus rien qu'un sac de chair, d'os animal, sans âme ni émotion. Et quand j'aurai tourné le dos, dans quelques minutes, Sophie sera pareille à elle, à eux tous, soumise à ce viol ordinaire du regard qui nie l'existence et le respect d'un être.

Le soir en rentrant, je ne dis rien à Christian. Je sais le mal que je lui ferais en racontant ces horreurs. À quoi bon être deux dans les recoins de ce cauchemar ? Mais le dimanche suivant, alors que je vais chercher Sophie pour sa sortie, je craque.

Peu de temps avant mon arrivée, elle a mangé de la terre. Les surveillants lui ont donc fait prendre une nouvelle douche avant sa sortie — Sophie est d'ailleurs toujours aussi propre que possible lorsqu'on me la confie. Je dois l'attendre dans le hall. Et soudain, soutenue par deux infirmiers tant elle est faible, maigre et abrutie par les drogues, je la vois apparaître. Nue. Nue, sans même une serviette pour masquer son corps délabré, avili. Nue comme un animal.

Dès que je le peux, je téléphone au Dr S. :

« Comment pouvez-vous laisser faire une chose pareille ?

— Mais madame ! Dans son état votre fille ne se rend compte de rien...

— Qu'en savez-vous ? Comment pouvez-vous affirmer une chose pareille ? Je pense au contraire qu'elle reste parfaitement lucide !... Et quand bien même elle ne pourrait se rendre compte de rien, ce dont je doute absolument, ce n'est pas une raison. Que je sache, même les malades possèdent le droit au respect de leur corps et de leur pudeur ? »

Mais à quoi bon discuter... Je sais bien qu'on ne m'entend pas parce qu'on ne veut ni ne peut m'entendre. Chacun de nous connaît la rengaine de l'autre : l'hôpital n'a pas assez de personnel qualifié, pas assez de place, d'argent, pas assez de tout... Et d'un autre côté, il est si simple de prendre mes protestations avec une grimace lasse et narquoise ! Je ne suis après tout que la mère agaçante d'une patiente insupportable ! Je suis l'inévitable protestataire, l'acariâtre de service, qu'il faut bien supporter puisqu'on est là et payé — mal sans aucun doute — pour ça !...

Cependant je sais, je sens tout au fond de moi que Sophie a conscience de ce manque de respect. Cette pudeur bafouée, sa laideur de malade exposée au vu de tous, tandis que sa beauté semble à jamais perdue, sont une douleur, une blessure supplémentaire et inutile.

Deux événements, dans les jours qui suivent, ne font que me conforter dans cette opinion.

Comme chaque dimanche nous allons rouler dans les Cévennes. Nous roulons et roulons, deux cents, trois cents, quatre cents kilomètres... Lorsque c'est possible, nous nous arrêtons pour marcher un peu. Sophie est épuisée, elle a du mal à mettre un pied devant l'autre. Brusquement, elle tombe comme une masse sur le sol, sans que je puisse prévenir sa chute et la protéger des pierres ou des bogues piquantes des châtaignes. Je glisse une main sous sa tête, lui caresse le visage, murmure une chanson, n'importe quoi... Je suis parfaitement impuissante à la soulager. Je voudrais m'allonger tout contre elle et disparaître en lui redonnant vie. Une vraie vie.

Puis, avec la même brutalité qui l'a faite s'effondrer, elle se relève et nous poursuivons ce misérable semblant de promenade. Brusquement, avec cette franchise, cet usage de la première personne qu'elle n'a qu'au profond des crises, elle dit :

« Je fais pas exprès, pardon ! Je fais pas exprès ! »

Les larmes aux yeux, je comprends à quel point elle a bien conscience non seulement de son état mais aussi de la douleur qu'il engendre chez nous. Je me précipite pour lui dire à quel point nous l'aimons.

« Nous t'aimons comme tu es, ma Sophie, nous sommes là pour t'aider. Ton papa et ta maman veulent seulement t'aider, tout ce qui compte pour nous c'est que tu guérisses très vite... Et chaque fois que nous pouvons être ensemble, nous sommes heureux. »

Mais elle avance de son petit pas mécanique. Fragile squelette et boule de nerfs projetée vers on ne sait quoi et qui répète inlassablement :

« Pardon, pardon, je fais pas exprès, pardon, je fais pas exprès... [1] »

Une semaine plus tard, le Dr S. s'étonne. Aucun traitement ne parvient à apaiser Sophie. Elle ne dort pas, lutte contre tout, et, pourtant, du fond de son chaos, elle invente des chansons comme celle dont parfois nous percevons, lors de nos sorties, des bribes glisser sur ses lèvres : *Sur le chemin de la liberté...*

---

1. Birger Sellin : « *Je ne peux pas comprendre pourquoi je dois vivre emmuré de la sorte (...) lorsque je veux réaliser à partir de cet environnement-de-caisse lesdits gestes les plus simples je ne le peux pas l'inquiétude me saisit l'angoisse et une panique idiote me poussent presque au désespoir.* » p. 140, *op. cit.*

« C'est vraiment un cas étrange, admet-il. Savez-vous qu'elle refuse absolument de se regarder dans un miroir. Était-ce ainsi avant ?

— Non... Au contraire, elle a toujours été très coquette. Quand elle va bien, elle aime beaucoup se voir dans un miroir... »

L'évidence met quelque temps avant de s'imposer. C'est de la maison que je rappelle le Dr S. :

« Je sais pourquoi Sophie refuse de se voir dans une glace !

— Ah oui ?

— Je vous ai dit qu'elle est très coquette lorsqu'elle va bien... Imaginez-vous ce qu'elle ressent devant son apparence en ce moment ? Et ces haillons dont elle est vêtue ? Auriez-vous envie de vous voir vous-même dans cet état ? Pour elle, le miroir est le pire témoignage de sa maladie... Il faudrait au moins qu'elle soit vêtue correctement...

— Oui ?... Peut-être avez-vous raison. C'est plausible. Nous allons essayer de faire un effort dans ce sens... »

Les week-ends et les sorties dans les Cévennes se succèdent, toujours aussi imprévisibles que répétitives. Les incidents se répètent à la mesure de l'angoisse de Sophie. Il est impossible de relâcher notre attention un seul instant. Et, comme toujours, le seul espace un peu sécurisant reste la voiture. Nous parcourons des kilomètres et des kilomètres dans les forêts embrasées par l'automne... Vers dix-huit heures, sur le chemin du retour sur la route de Ganges, nous rencontrons dimanche après dimanche un cycliste solitaire, toujours le même. Il devient pour nous une sorte de partenaire, de repère involontaire. Son apparition à chaque fois nous tire un sourire. Comme si le monde « normal » nous faisait un peu signe.

Alors qu'elle devrait être littéralement terrassée par la quantité de drogue qu'elle absorbe, Sophie poursuit sa lutte mystérieuse contre ses démons. Mais les doses sont devenues tellement extrêmes que le personnel du pavillon 20 ne semble plus guère se soucier d'en faire un suivi attentif.

Un samedi, tandis que l'aide soignant nous remet les médicaments pour la journée, nous lui faisons remarquer qu'il manque un flacon de neuroleptiques. J'ai horreur de cette drogue mais nul ne sait, désormais, ce qui peut se produire si on la lui supprime brutalement pour une journée.

« Il n'y en a plus, m'explique l'aide soignant.

— Comment ça, “il n'y en a plus” ?

— Nous n'avons plus de neuroleptiques en réserve.

— Mais pourquoi ?

— Parce que la pharmacie de l'hôpital est fermée pour le week-end...

— Et alors, que faisons-nous ? demande Christian.

— Rien... Vous savez, avec tout ce qu'elle a déjà dans le corps, un peu plus un peu moins ! »

Christian est prêt à exploser. Lorsque lui même, deux ans plus tôt, a dû doser les premiers remèdes, il l'a fait avec une grande méticulosité, allant jusqu'à jeter un comptage et rincer le verre s'il avait le moindre doute.

« Bon sang ! Un traitement, même s'il a des effets retards, ça se suit à la lettre !... »

Vaine protestation. La colère ne fera pas surgir par miracle cette potion de malheur !

Pour que cela ne se reproduise pas, nous demandons

qu'une ordonnance soit prête pour le week-end suivant. Mais le week-end qui suit, l'ordonnance n'a toujours pas été rédigée. Aucun médecin n'est présent et un aide soignant me recopie le traitement inscrit dans son cahier sur un bout de papier. La semaine suivante, je téléphone pour qu'on me prépare enfin cette fameuse ordonnance... Sans plus de succès : le traitement qu'on m'indique, et qui a encore changé, est écrit au dos d'une enveloppe !

Cette fois, je demande au Dr S. de me recevoir .

« Est-ce vraiment impossible qu'un médecin de votre service prépare une ordonnance le vendredi ? Voilà trois semaines que je le demande ? »

Il me regarde par-dessus ses lunettes, il tripote l'enveloppe miséreuse que je lui ai apportée, son sourire bon enfant a disparu. Pas son impuissance. Une fois de plus il est évident que toute protestation est inutile.

Mais la folie des drogues continue. Il semble que, plus le corps de Sophie les refuse, plus les doses augmentent. Aujourd'hui, après trois mois et demi de traitement, elle ingurgite quotidiennement 200 gouttes d'un neuroleptique dont la marque change souvent, 100 gouttes de Théralène, 14 comprimés de Valium 10 (soit 140 mg), 3 comprimés de Témesta à 2,5 mg et un puissant somnifère... De quoi assommer un bœuf ! En fait une prescription si violente que le pharmacien de l'hôpital en a demandé la confirmation au Dr S., tant elle lui a paru excessive.

Et pour quel résultat ?

Parfois il arrive que Sophie dorme quelques heures la nuit. Toutefois, son agitation ne diminue pas vraiment. Elle continue à perdre du poids, ressemble de moins en moins à un être humain mais plutôt à un petit animal, tantôt docile, tantôt rebelle. En aucun cas, nous ne percevons le moindre signe tangible d'amélioration, au contraire. Et nous ne parvenons plus à faire le tri entre ses propres malaises, les effets secondaires provoqués par les drogues et les convulsions ou postures mimétiques induites par le comportement des autres malades du pavillon.

Alors que je poursuis seule nos tête-à-tête de la semaine, je remarque que Sophie devient dépendante de nouveaux actes délirants et compulsifs, parfois réellement dangereux.

Tandis que j'essaie de la faire marcher un peu autour de la maison, tel un petit animal, elle s'accroupit sans cesse pour gratter de ses mains les cailloux et la terre des chemins, s'écorchant les doigts jusqu'au sang. Ou bien elle se précipite vers les boîtes aux lettres pour en éparpiller le contenu sur le sol... Ou encore elle ramasse tout ce qu'elle trouve de plus sale, boîtes de conserve rouillées, vieux papiers, détritus de toutes sortes et déjections d'animaux qu'elle cherche aussitôt à avaler... Il devient très difficile de l'empêcher de se faire du mal. Sa rapidité et sa violence sont telles qu'il est encore plus facile de la contrôler lorsqu'elle s'accroupit...

Ces « promenades » deviennent vraiment angoissantes lorsque Sophie prend l'habitude de se jeter sur les voitures qui nous approchent. Au moindre bruit de moteur, je dois l'agripper et la retenir ! Une fois, je n'entends pas la voiture approcher car elle est en train de hurler. Elle m'échappe... Par bonheur, le conducteur ne va pas trop vite et parvient à piler alors que Sophie est déjà devant son capot.

Il me semble que son désir de mort devient de plus en plus violent. Est-ce vrai ? Je ne sais pas. Par instants, je me dis follement que si une voiture la renversait, enfin elle ne souffrirait plus. Que cette vie monstrueuse qu'elle doit endurer cesserait. Que c'en serait fini de toutes ces humiliations, de cette souffrance derrière les barreaux, de l'infernale et permanente douleur. Elle ne serait plus ce petit animal grattant de ses pattes la terre des chemins, mangeant ses crottes et avalant des drogues monstrueuses... Une paix, une simple paix à laquelle jamais elle n'a eu droit sur la terre des vivants !

Mais cette pensée est tout aussi révoltante et monstrueuse.

Il faut la chasser de mon esprit, ramener Sophie à la maison, essayer de lui faire avaler un goûter copieux sans qu'elle s'étouffe, panser et masser ses mains et ses pieds déchirés et endoloris.

J'essaie d'imaginer par quel miracle cela pourrait aller un peu mieux, ce que nous pourrions faire, inventer, pour la soulager.

Un tout petit miracle serait suffisant...

6

Mars-mai 1993

Un tout petit miracle...

Oui, il y a cinq ou six mois, j'aurais tout donné pour qu'un tout petit miracle s'accomplisse et que Sophie souffre moins. Et maintenant, malgré ma hantise du futur, malgré cette mémoire indélébile, ces souvenirs qui m'assaillent parfois et me noient dans les terreurs passées, il semble bien que le miracle a eu lieu.

Il faut absolument vaincre les peurs venues du passé.

Il faut vivre le présent, prendre à pleines brassées les possibles qu'il nous offre. Oublier, oublier les horreurs... La force de l'espoir passe aussi par cet oubli !

Ce printemps 1993 semble s'annoncer comme la plus belle des renaissances. Sophie VIT. Et d'une vie qui cherche chaque jour à prendre un peu d'ampleur...

Et notre espoir n'est pas si extravagant. S'il est, dans de très rares cas, quelques autistes qui « guérissent » et peuvent retrouver une existence quasi normale, nous n'en demandons pas tant. Mais qu'au moins Sophie puisse rompre avec ses démons intérieurs, qu'elle puisse connaître le bonheur, un simple bonheur à sa mesure, pour ainsi dire. Que sa vie puisse être respectable et respectée, dans un environnement qui l'accepte et la soutienne. Aujourd'hui et demain. Demain surtout, lorsque nous ne serons plus là. C'est tout ce que nous demandons.

Il nous faut profiter de ce mieux-être actuel pour pousser l'avantage le plus loin possible contre la maladie. C'est notre rôle à nous, parents. La « tirer » de toutes les manières possibles vers le monde ordinaire. L'intégrer à la « société normale » où, peu à peu, nous le sentons, le droit à la différence, le droit d'existence des handicapés est mieux reconnu...

Lui donner une chance que Dieu, les dieux ou le hasard lui ont refusée. Et nous y travaillons avec acharnement, sans relâche.

Sophie s'intègre de mieux en mieux aux groupes, quels qu'ils soient. Les heures passées à la piscine deviennent de plus en plus agréables. Il s'agit moins de la nage que du plaisir de se sentir à l'aise parmi les autres baigneurs. Certes, il faut toujours que je la presse de se rhabiller, de se sécher... Elle serait capable de rester des heures à observer une femme qui s'enduit de crème hydratante, ou ces fillettes qui papotent en gloussant, cette jeune maman et son enfant...

« Allez Sophie, viens au vestiaire... Sèche-toi bien, allez... Maintenant habille toi... tes chaussettes... ton soutien-gorge... ta jupe, Sophie... »

Parfois, tout est si lent que je dois l'aider, mais elle ne refuse aucune sollicitation.

Un jour, en rentrant, je m'aperçois qu'elle n'a plus que sa belle bague de Noël aux doigts. Les deux autres, plus fines, ont disparu. Pourtant elle les avait à la piscine.

« Sophie, où as-tu rangé tes petites bagues ?

— Non !

— Comment, non ? »

Mais je n'obtiendrai rien de plus sur le sujet. Les a-t-elle tout simplement jetées ? C'est fort possible et ce ne serait pas la première fois. À dire vrai, ces bagues sont porteuses de mauvais souvenirs. Du temps de La Colombière, je devais les lui enlever à chacun de ses retours à l'hôpital. Je les portais alors moi-même jusqu'à sa prochaine sortie...

Ou bien a-t-elle seulement considéré que la belle bague de Noël, avec ses chatoyants rubis, rendait les autres indignes d'elle ? Une énigme qui restera irrésolue, tant pis.

Il faut continuer à oser se mélanger aux autres. Lorsque Christian est pris pour un week-end de réunions, un congrès ou une soirée de travail et que nous nous retrouvons seules, j'emmène Sophie au cinéma et même quelquefois au théâtre. Des comédies qu'elle suit avec beaucoup d'attention. Le monde imaginaire mais réaliste qui se déroule sur les planches la ravit. Elle rit parfois si fort qu'il me faut calmer sa fougue. Elle applaudit... À moins qu'elle s'y refuse absolument pour une raison qui restera à tout jamais mystérieuse !

Une fois, nous allons suivre la soutenance de thèse d'un jeune chercheur que nous avons connu dans les Cévennes. Alors que défilent schémas, photographies et savantes explications sur l'approvisionnement en eau de Mandagout, elle reste imperturbable et sage...

Néanmoins, il y a des ratés. Une jeune femme qui s'est autrefois occupée de Sophie enfant nous informe qu'elle crée une structure pour de jeunes handicapés. Ces solitaires pourront s'y rencontrer deux ou trois fois par mois. L'idée est qu'ils puissent briser leur isolement en partageant quelques activités, écouter de la musique, communiquer comme ils le veulent, grâce à l'encadrement de deux adultes. Cela nous semble une très bonne idée. La solitude, l'isolement de Sophie restent grands malgré nos efforts. Rien n'est plus difficile que de lui faire rencontrer des jeunes gens de son âge, même si Patricia s'y évertue de son mieux.

Hélas, dès les premières séances, Sophie revient de ces rencontres tendue et angoissée. Par mimétisme, comme toujours, elle se montre extrêmement sensible aux comportements des autres jeunes dont certains portent les stigmates de leurs maladies mentales. De toute évidence, cela l'incline davantage à plonger plus avant dans ces affres qu'à trouver un plaisir de communication. Il faut cesser.

L'autre effort important est celui de l'autonomie et du travail.

Sophie reçoit chaque mois sur un compte d'épargne une pension d'adulte handicapée invalide (à quatre-vingts pour cent). L'idée nous vient de lui demander si elle aimerait avoir son propre carnet de chèques.

« Tu veux ? Tu pourras faire tes chèques toi-même...

— Oui ! »

Un grand sourire illumine son visage. Dès l'arrivée du chéquier, elle accepte très volontiers d'aller faire quelques achats. Dans les magasins, son choix fait, je l'invite à sortir son carnet de chèques tout neuf. Sans nous soucier des regards curieux, nous nous installons au comptoir et, ma main doucement posée sur la sienne, elle remplit le chèque sans erreur.

À chaque fois, elle semble très fière de pouvoir ainsi faire comme tout le monde. Ce n'est peut-être qu'un petit pas de fourmi mais, pour Christian et moi, c'est un grand pas et qui en laisse espérer d'autres.

« Maintenant que tu sais faire un chèque, Sophie, il faut que tu apprennes aussi à gérer ton compte.

— D'accord !

— Tu veux que je te montre comment faire ? Comme j'ai fait avec tes sœurs ?

— Oui ! »

Sur une grande feuille de papier cartonné nous traçons des rubriques : vacances, habillement, nourriture, voyages... Ma main toujours posée sur la sienne, Sophie trace sagement les chiffres. Elle sait parfaitement compter et ses calculs sont même plus rapides que les miens. Très fière, le buste tendu et le menton relevé, elle monte dans sa chambre ranger ce budget que nous sommes convenues de remettre à jour chaque mois !... À la vérité, je suis aussi fière qu'elle !

L'objectif suivant, plus complexe, est le travail dont « le petit écureuil » avait accepté l'idée il y a quelques semaines.

Notre fille Cathy et son compagnon, Edmond, possèdent une boulangerie-pâtisserie pas très loin de chez nous. Ensemble, en présence de Sophie, nous établissons un projet de travail de deux heures, le lundi et le vendredi après-midi.

Le premier lundi, il s'agit de remplir des fonds de tarte, en cercles concentriques réguliers, avec des demi-abricots au sirop. Sophie n'éprouve pas de difficulté à mettre les fruits sur la pâte cuite, mais les placer correctement en cercle lui demande une concentration et une précision qu'elle ne semble pas vouloir s'accorder. Comme il ne faut rien brusquer, nous abrégeons prudemment cette première séance. Sophie semble contente.

« Alors ma Sophie, as-tu bien travaillé aujourd'hui, lui demande Christian, le soir.

— Oui !

— Et tu aimes travailler à la boulangerie ?

— Oui !

— Tu veux y retourner ?

— Oui ! »

La fois suivante, conscients qu'un travail trop précis entraînerait un échec inutile, nous proposons à Sophie de ranger des baguettes de pain préformées et congelées dans les tiroirs de cuisson. Seule, elle parvient à en remplir quelques-uns, mais beaucoup restent incomplets... J'évite de le lui montrer, mais je suis assez déçue. Il semble que le chemin vers un petit travail, même élémentaire, sera plus long et plus difficile que prévu.

Pourquoi ? Que se passe-t-il qui lui interdise de réaliser une tâche aussi simple alors qu'elle en est largement capable ? Ce mystère est son mystère. L'énigme même de l'autisme contre laquelle se brisent bien vite nos rêves. Il faut l'admettre : le projet « travail » est loin d'être gagné... S'il l'est jamais. Dans ces conditions, pourra-t-elle intégrer un CAT à l'automne prochain, comme nous l'espérons ?

Mais il faut continuer à « ouvrir la vie ». Il faut persévérer, tenter tout ce qui peut l'être. Le printemps de cette année-là est une merveille de lumière, une merveille de promesses. Et nous y inscrivons, au jour le jour, la persévérance de nos espoirs.

Un soir, revenant de l'hôpital, Christian nous annonce qu'il devra partir pour les États-Unis au mois de mai.

« Un congrès important, une dizaine de jours à San Francisco !

— Tu vas encore nous abandonner, dis-je en riant.

— Peut-être pas... Si vous veniez avec moi ?

— Nous ?

— Sophie et toi.

— Tu crois que... Pourquoi pas ?

— Sophie, qu'en penses-tu ? demande Christian. Es-tu d'accord pour aller en Amérique avec nous ?

— Oui !

— Dix jours en Californie ? »

Son grand sourire brille.

« D'accord ! »

Est-ce beaucoup ? est-ce trop ? Mais pourquoi ne pas le tenter ? Sans le dire, nous savons très bien les risques que nous prenons dans cet engagement, mais notre hésitation ne dure pas longtemps. Sophie aime se déplacer, voir des espaces inconnus... Cela semble possible, tout à fait possible ! Si nous avions peur de tout, il y a déjà bien longtemps que nous aurions abandonné Sophie.

En attendant le départ, nous poursuivons notre programme soutenu. Peut-être un peu trop d'ailleurs, ce qui le rend quelquefois chaotique et tendu.

Par principe, puisqu'elle s'y est engagée, je continue à accompagner Sophie à la boulangerie de sa sœur deux fois par semaine. De toute évidence, cela ne l'intéresse pas et j'ai beaucoup de mal à ce que ce « travail » ressemble à quelque chose. Par contre, la participation aux groupes de yoga et d'aquarelle reste très positive.

À la maison, Sophie continue à aider non sans, parfois, se faire lourdement prier. Les couverts commencent à se mélanger, les verres à se retrouver avec les assiettes ou les bols... Le tout avec une petite moue de satisfaction narquoise qui peut devenir parfaitement exaspérante. Hélas, malheur à moi si je proteste ou la sollicite avec trop de vigueur. Un matin où mon insistance lui semble excessive, je la vois soudain s'emparer de toutes les assiettes du lave-vaisselle pour les porter jusqu'au placard... et là, elle les laisser tomber dans un grand fracas juste devant la porte !

Cette fois, je garde à peu près mon calme. Par contre, un essai de promenade en VTT devient un affrontement.

Avec son propre chéquier, Sophie s'est acheté un VTT. Depuis qu'elle est toute petite, elle adore le vélo. L'idée est de faire quelques randonnées dans les Cévennes aux alentours de Mandagout. Mais avant de nous lancer dans une vraie promenade, je veux m'assurer que c'est possible. Pédaler à toute vitesse, tenir l'équilibre... cela ne pose aucun problème. Par contre Sophie n'aime pas, ne peut pas ou ne veut pas freiner !

Nous mettons les vélos sur la voiture et descendons dans la vallée où les routes sont moins dangereuses et plus larges qu'autour du hameau. Dès la première descente, nous affrontons le problème.

« Allez, Sophie, serre ton frein, plus fort... Non, ne mets pas le pied par terre, serre ton frein ! Allez... Tu vois comme c'est facile ! »

Elle semble en convenir. Pendant quelques descentes, elle freine très normalement. Puis brusquement, toujours aussi rieuse et espiègle, alors qu'elle doit freiner, la voilà qui lâche le guidon avec un petit sourire goguenard pour appuyer sur la sonnette. Ou alors elle freine soudain, sans raison. À son air provocateur, je sens venir le problème et abandonne la question du frein... Jusqu'à la proximité d'une descente plus forte où la crainte et l'exaspération me font soudainement craquer ! Alors qu'enfin Sophie est immobilisée ma main vole et c'est une gifle magistrale qui claque sur sa joue !

Je m'en veux aussitôt. Évidemment ce mouvement d'humeur ne va rien arranger, bien au contraire. Désormais, le ridicule problème du freinage en vélo sera un tabou... Ainsi que les promenades en VTT ! J'en suis d'autant plus furieuse que je plante là ma Sophie étonnée. Elle connaît fort bien le chemin jusqu'à la voiture, elle se débrouillera...

Erreur. Après vingt minutes d'attente, personne. Ma colère est retombée. Je pars à sa recherche, soudain pleine d'inquiétude... Pour la retrouver dans une cour de ferme, droite à côté de son vélo sous le regard étonné des propriétaires du lieu.

« On allait appeler les gendarmes... On se disait que quelque chose n'allait pas : elle n'a rien voulu dire ! »

Retour maussade et boudeur de part et d'autre jusqu'à la maison. Mis au courant, Christian me fait gentiment remarquer que je veux peut-être trop en faire.

« Tu sais, tu ne lui laisses pas un moment de répit. Le désherbage, le bois, l'aquarelle... et maintenant le vélo ! Elle peut avoir envie de souffler comme tout le monde ! »

Il a raison. Avec mon permanent souci de ne pas relâcher la pression, de « gagner du terrain », j'en deviens excessive. Je ne sais pas moi-même m'autoriser une minute de pause et fais de même avec Sophie. Au risque de nous pousser à l'échec.

Nous faisons la paix avec des baisers et des caresses.

« C'est vrai ce que dit papa : je t'ennuie, je te demande de faire trop de choses ?

— Oui ! »

C'est net. Et pour être certaine d'être bien entendue, le lendemain matin, elle le réaffirme encore une fois. À sa manière...

« Sophie !... Tu as mis tes chaussures à l'envers ! »

Calmement, elle regarde ses chaussures, puis incline la tête de côté. Elle pince les lèvres mais ne peut retenir un sourire malin. Ses yeux scintillent comme si elle nous faisait une bonne plaisanterie.

« Tu veux nous dire quelque chose ? »

Oui, elle a quelque chose à dire. Nous savons que les chaussures à l'envers sont, soit le signe d'une angoisse proche, soit celui d'un désaccord.

« C'est à cause de la gifle ? C'était injuste parce que je te fais faire trop de choses, n'est-ce pas ? »

Le sourire s'agrandit[1]. Message reçu...

Pourtant, quelques semaines plus tard et toujours avec le souci de la mêler le plus possible à la vie des « normaux », lorsque je lui propose de faire partie d'un groupe de randonnée, Sophie accepte immédiatement. Mieux encore : alors que je suis convaincue que nous devrons rebrousser chemin en cours de route, elle accomplit sans problème les seize kilomètres de cette première marche. Mais il faut dire aussi qu'elle est immédiatement intégrée à ce groupe dont la moyenne

1. Birger Sellin : *Une mère extraordinaire ne doit pas passer des savons à un solitaire implacable* ! p. 119, *op. cit.*

d'âge est plutôt âgée, avec une gentillesse qui ne fera que croître de sortie en sortie. *Qu'importe que tu sois différente, semble lui dire chacun. Nous sommes bien avec toi, sois bien avec nous !* Et, dans tous les sens du terme, ça marche !

Notre départ pour San Francisco est prévu pour le 14 mai, le jour de mon anniversaire. Patricia sera à nouveau en pleine période d'examens et souffre de ne pouvoir nous y accompagner. Une fois de plus, elle devra faire face seule à ses épreuves. Et puis ce voyage à San Francisco lui aurait bien plu... Je sens dans ses remarques une pointe de jalousie que je comprends trop bien et tente d'apaiser au mieux. Marie-Annick, elle, craint que ce voyage ne soit un peu long pour Sophie...

Mais pour moi, c'est un vrai cadeau tant je me prends à imaginer que ce seront de vraies vacances. Le fait est que je commence à m'épuiser dans mon rôle multiple de mère, maîtresse de maison et éducatrice à plein temps. Si je veux tenir le plus longtemps possible face à Sophie, il faut que je puisse par instants prendre un peu de distance, retrouver un peu de vie personnelle. Mais pour cela, éternel problème, il nous faut de l'aide...

L'ouverture d'un CAT à Lunel, tout près de Montpellier, se précise. Il est temps de remplir un épais dossier et de faire une demande d'admission. Christian lui expose une première fois ce projet :

« Sophie, es-tu d'accord pour aller travailler quelques demi-journées au CAT tout en continuant les activités que tu fais avec ta maman ?

— Oui ! »

Assez rapidement, nous recevons une convocation

du directeur et du médecin psychiatre de l'établissement. Ce médecin connaît bien Sophie : il l'a suivie pendant deux ans lorsqu'elle était au centre de La Pradelle.

« Sophie, êtes-vous d'accord pour venir travailler ici à mi-temps ? »

Silence. Confortablement assise dans un fauteuil face au médecin, son petit sac sur ses jambes croisées, Sophie fait de beaux sourires et reste muette.

Le médecin sourit en retour mais reste ferme :

« Sophie, vous êtes en train de me montrer que vous êtes une belle jeune femme, et particulièrement élégante aujourd'hui, je dois dire... Mais vous savez que j'ai besoin de votre réponse pour faire avancer ce dossier. Aucune décision ne peut être prise sans votre accord. Il me suffit d'un « oui » ou d'un « non », et vous êtes parfaitement capable de me le donner ! »

Sourire et silence. Patient, le psychiatre lui laisse encore un peu de temps en lui expliquant comment son emploi du temps serait aménagé en fonction de ses autres activités.

Mais Sophie ne veut toujours pas répondre. Affirmative avec nous quelques jours plus tôt encore, elle se mure dans le silence. Le psychiatre nous laisse encore une chance. Il n'attend pas la décision de Sophie pour de simples raisons administratives : il sait que sans son accord véritable et exprimé, son entrée dans le CAT sera d'avance vouée à l'échec.

« D'accord Sophie ! Je vous donne le temps de la réflexion. Vous pourrez encore en parler avec vos parents. Dans dix jours, vous reviendrez donner votre réponse à M. le Directeur... »

Christian est profondément déçu par ce blocage. Les

places dans ce genre d'établissement sont bien trop rares et difficiles à obtenir pour qu'on puisse se permettre ainsi d'en refuser une. Le soir même, nous tentons de convaincre Sophie que le CAT peut être un projet intéressant et bénéfique pour elle. Et, à notre soulagement, elle semble en convenir.

Dix jours plus tard, sur la route qui nous mène tous les trois au CAT, Sophie est toujours d'accord. Hélas, une fois assise devant le directeur, son silence est aussitôt de retour.

« Alors, Sophie, avez-vous pris une décision ?... »

Rien. Christian a beau l'encourager, insister, pas un son ne franchit ses lèvres. Avec un peu d'impatience, Christian me regarde. Je sais qu'il voudrait que j'intervienne, que je brusque un peu Sophie et la décide enfin à se prononcer. Mais je ne suis pas plus courageuse qu'elle et me sens incapable de l'obliger à un choix que, de toute évidence, elle refuse.

Le retour se fait sans un mot. Christian est crispé et je sais combien est grande sa déception. À la maison, il explose :

« Mais tu te rends compte ? Une place dans un établissement comme ça, c'est une chance extraordinaire ! Certains parents doivent attendre des années et des années avant d'en obtenir une ! Comment peut-on la gâcher ainsi, d'un revers de main ? Tu n'as même pas cherché à la convaincre ! Sophie était d'accord ici, et là-bas... Peut-être qu'elle était d'accord aussi et qu'elle n'arrivait simplement pas à le dire. Il fallait l'encourager un peu et tu n'as rien fait ! Pourquoi ? Mais pourquoi ? »

C'est juste. Une place pareille ne se refuse pas. De plus, près de chez nous, à mi-temps, dans un rythme facile à concilier avec le nôtre... Plus que toute autre, je sais la nécessité pour Sophie d'ouvrir son univers, de ne pas être rivée à la maison, dépendante de sa mère vingt-quatre heures sur vingt-quatre. Et moi aussi j'aurais bien besoin de ce répit. Alors pourquoi, oui pourquoi ?

Parce que j'ai peur. J'ai peur que le fragile équilibre que nous avons obtenu se brise. J'ai peur que Sophie ne puisse progresser dans un groupe de jeunes gens plus handicapés qu'elle. J'ai peur que « tout recommence » !

Peur de la voir revenir du CAT tendue d'angoisse, à nouveau agitée et sur le bord de l'abîme. Ou au fond de l'abîme.

Parce que durant ces derniers jours, tout le temps où cette décision est restée suspendue entre nous, j'ai déjà senti Sophie plus inquiète, s'éloignant de la belle sérénité acquise ces dernier mois. Mieux que quiconque, elle sait ce que signifie la vie, même à mi-temps, dans un centre comme celui-ci. Elle l'a déjà vécu. Comme elle n'est pas encore parvenue à une autonomie telle qu'elle puisse être incluse dans le groupe des plus valides et actifs, elle serait à nouveau confrontée aux jeunes gens lourdement handicapés. Cela signifie toute une charge d'angoisse et de douleur qu'elle ne pourra éviter de prendre sur elle et qu'elle accumulera comme la sienne propre...

On pourrait cependant l'obliger à tenter un essai, considérer qu'elle n'est pas vraiment en mesure de comprendre le bénéfice qu'elle peut tirer de cette expérience... Pourtant, je crois qu'elle sait très bien ce qui est bon ou mauvais pour elle. Et, pour moi, ne pas respecter son choix serait ne pas la respecter elle-même, quoi qu'il en coûte. Ne pas respecter sa sagesse, car elle en a, à sa manière...

La contraindre serait risquer de la mener à nouveau vers ses démons invisibles et meurtriers. Eh oui, j'en ai peur. J'ai peur de sa peur[1].

L'épée de Damoclès est toujours suspendue au-dessus de nous. J'ai promis à Sophie qu'elle ne retournera jamais à La Colombière et je dois faire en sorte que rien ne risque de nous emporter vers le gouffre.

Mais je comprends aussi la déception de Christian. Je comprends sa colère et qu'il m'en veuille. Il est convaincu, et sans doute à juste raison, qu'un « temps plein » avec moi risque d'être tout aussi néfaste pour Sophie que le fut, au bout du compte, l'internat de La Pradelle.

C'est cela, la situation à laquelle nous nous trouvons réduits : faire des choix impossibles. C'est parfois un miracle que nous parvenions à tenir tous les deux face à cette tension sournoise et permanente.

Il n'y a pas si longtemps que cela nous a déjà déchirés. Précisément pendant que Sophie était à La Colombière.

Je m'en souviens trop bien.

1. Birger Sellin : *Ce n'est plus possible de supporter ce jardin d'enfant* [*Birger appelle ainsi le foyer pour autistes*] *il y règne un tel chaos une véritable maison dite de fou...*, p. 130, *op. cit.*

7

Novembre 1992

Voilà quatre mois maintenant que Sophie est enfermée dans sa chambre-cellule du pavillon 20. Son état, physique comme psychique, ne fait qu'empirer. Cependant, elle a absorbé une telle quantité de drogues qu'il lui arrive, d'être soudain calme, pendant de courtes demi-heures, une petite heure, comme si elle reprenait son souffle.

Ce ne sont pas vraiment des instants de paix, mais une sorte d'hébétude lasse qui peut y ressembler. Il semble aussi qu'elle dorme un peu mieux...

À cause de ces répits et parce que nous voudrions tant alléger son enfermement, nous proposons au Dr S. de la garder un week-end entier à la maison.

« Elle retrouvera son lit... Peut-être cela lui fera-t-il du bien ?...

— C'est possible... Mais ce sera à vous de juger de son état. Si vous la sentez trop agitée, n'hésitez pas à nous la ramener... »

En fait, nous sommes si heureux qu'elle puisse rester deux jours à la maison que nous nous empressons de le lui annoncer.

« Sophie, tu aimerais dormir dans ton lit, cette nuit, à la maison ?

— Oui !

— Alors c'est d'accord, tu resteras avec nous ce soir ! »

Après une journée « normalement agitée », la soirée est étrangement calme. Sophie s'installe entre Christian et moi pour regarder la télévision... Voilà quelque chose qui n'est pas arrivé depuis des mois et des mois ! Mais en fait, après quelques minutes, elle s'effondre comme un pantin au pied du canapé. Les 140 mg de Valium plus le somnifère l'on complètement assommée. C'est une sorte de zombie que nous transportons dans son lit.

Elle se réveille à cinq heures du matin et commence une longue journée qui, inévitablement, s'achève par des kilomètres et des kilomètres dans les Cévennes...

Lorsque nous la raccompagnons à La Colombière, nous sommes épuisés. À force de la contenir pendant des heures et des heures, il me semble avoir retourné tout un champ avec une pelle minuscule ! Et c'est parfaitement démoralisant. Néanmoins, il faut persévérer. Nous sommes décidés à la reprendre le prochain week-end.

Mais le jeudi suivant, notre sortie de l'après-midi frôle la catastrophe. Sophie est extrêmement nerveuse et violente. Je décide de la conduire à la plage pour qu'elle ait tout l'espace possible et la douceur du sable sous ses pieds. Sur la portion d'autoroute qui nous mène à la mer, soudain, sans que je puisse prévenir son geste, elle coupe le contact et s'agrippe au volant ! Je panique. Il m'est impossible de lâcher ce volant qu'elle tire et de remettre en marche. Pendant quelques secondes, la voiture roule sur son erre sans que je puisse la diriger... Et, brusquement, avec un hurlement qui tétanise Sophie, je parviens à la repousser et à remettre le contact... Lorsque nous arrivons enfin au bord de la mer, j'en tremble encore.

Dès qu'elle est dehors, je remarque qu'elle saute sur le sable plus qu'elle ne marche, puis s'y couche de tout son long, le visage pris de crispations inhabituelles. Alors que je la serre contre moi pour l'apaiser, elle me souffle :

« Maman j'ai mal au pied, j'ai mal au pied ! »

Lui ôtant sa chaussure, je constate qu'effectivement son gros orteil droit est enflé. Mais je n'ai pas le loisir de la soigner. Les deux heures que nous passons ensemble sont totalement chaotiques et le retour est tel que je crains de ne pas parvenir jusqu'à l'hôpital. Sophie hurle sans cesse, bondit de l'avant à l'arrière, s'agrippe au volant, donne des coups de pied dans les vitres et le pare-brise, ne m'épargne pas. J'ai le plus grand mal à conduire tout en l'esquivant et plus nous approchons de l'hôpital plus son agressivité devient incontrôlable...

Dès que je peux la remettre entre les mains de l'infirmière de service, j'indique sa douleur au pied.

« Ne vous inquiétez pas, me dit-elle. Je vais le noter sur le cahier. Un médecin l'examinera demain... »

Soucieuse, je rappelle le lendemain. Sophie n'a pas dormi de la nuit, elle est encore extrêmement agitée, mais elle n'a rien au pied, me dit-on.

Le samedi, je vais la chercher comme prévu. Christian est absent, pris par un nouveau congrès. C'est Marie-Annick qui m'accompagne. Mais Sophie est dans une telle agitation que nous arrivons à peine à la contenir.

« J'ai mal au pied, j'ai mal au pied ! »

De fait son orteil a tellement enflé qu'il est impossible de lui laisser sa chaussure. Nous décidons d'aller voir un médecin proche. Comme il est impossible que nous puissions monter dans son cabinet, il accepte de descendre dans le parking et d'examiner Sophie dans la voiture pendant que nous la maîtrisons.

« C'est un panaris, tout simplement ! s'exclame-t-il. Il faut l'inciser le plus vite possible. Revenez dans deux heures : il faudra que nous soyons quatre au moins pour la tenir et ne pas risquer un accident... »

Avec l'aide de Cathy et Patricia, nous parvenons à conduire Sophie dans le cabinet du médecin. Cette intervention, en toute autre circonstance, serait bénigne Mais dans l'univers démoniaque et incontrôlable de Sophie, cette brève incision prend la proportion d'un cataclysme. Pourquoi ne l'a-t-on pas soignée dès l'origine du mal ? pourquoi a-t-on attendu que ce panaris se développe au point de devoir être ouvert ? Le médecin lui-même ne le comprend pas.

Hélas, deux heures plus tard, il ne nous est plus possible de contenir Sophie. Moi qui avais espéré qu'elle dorme à nouveau à la maison ce week-end ! La mort dans l'âme au sens propre, je dois la reconduire à La Colombière où elle est aussitôt enfermée dans sa chambre-cellule !

Ma colère est si grande que je me heurte avec violence au surveillant de garde. Une dispute inutile, je le sais bien, mais cette fois, c'est trop ! Selon lui, le matin même Sophie n'avait pas de panaris et de plus il refuse le traitement antibiotique prescrit après l'incision sous prétexte *qu'aucun traitement ne peut être accepté venant d'une prescription externe à l'hôpital* !

Au retour, Marie-Annick, tout aussi bouleversée et

furieuse que moi, ne sait comment me calmer. Il me semble que ma fille glisse désormais absolument seule dans une chute sans fin. Qu'elle s'éloigne de nous et de notre impuissance, s'enfonce dans une opacité où l'humanité n'a plus de sens.

Cependant, puisqu'il ne nous reste plus d'autre solution que l'acharnement envers et contre tout, le week-end suivant nous sommes à nouveau bien décidés à garder Sophie pour la nuit.

Lorsque, après bien des péripéties, arrive l'heure du coucher, son angoisse est telle qu'elle hurle continûment. Toute gorgée de drogues qu'elle soit, elle se débat avec tant de violence que finalement je m'allonge sur elle, serre ses bras sous les miens pour la maintenir sur le lit. Et là, pendant dix minutes qui valent bien quelques siècles, ainsi collée à elle, je lui parle doucement, tout doucement, pendant que ses cris me traversent.

Puis d'un coup, ses muscles se relâchent. Elle sombre dans le sommeil comme une pierre disparaît dans une mare. Lentement, lentement, je m'écarte d'elle, la caresse et l'embrasse. Je quitte la chambre sur la pointe des pieds. Mon cœur et ce qu'il me reste d'esprit sont en loques. Christian, encore tremblant des hurlements de sa fille, m'accueille entre ses bras. Cette fois, nous pleurons.

Mais le lendemain est jour de baptême pour deux de nos petites-filles. Une fête qui doit avoir lieu chez nous : la maison est grande. Pour l'occasion, j'ai acheté à Sophie un pull et un pantalon de la plus petite taille que j'ai pu trouver. Mais même ce 34 est beaucoup trop grand pour elle. De toute manière, ce qui devait être une véritable fête tourne pour moi au cauchemar.

Après avoir assisté brièvement et à tour de rôle à la cérémonie, nous partons avec Christian pour la sempiternelle « promenade » en voiture alors que Cathy et son compagnon préparent le lunch dans le grand salon. Nous revenons le plus tard possible, bien après les premiers convives. C'est un tour de force permanent pour maintenir Sophie dans un calme relatif. Elle finit par avaler une quantité incalculable de toasts... Qui ne la feront d'ailleurs pas grossir d'un gramme !

S'en suivent encore deux autres « promenades » en voiture.

« Elle semble un peu mieux cet après-midi, remarque Christian.

— Seulement lorsqu'elle est en voiture. »

Il ne semble pas convaincu. Et lorsque la fin d'après-midi approche, alors qu'il est convenu que les enfants et quelques amis resteront avec nous, Christian suggère :

« Nous pourrions aussi garder Sophie pour cette nuit... Le Dr S. nous a laissé la liberté de le décider. »

Non !... Je suis déchirée à l'idée de la reconduire à l'hôpital, mais je ne suis pas capable de vivre à nouveau ce que j'ai vécu la nuit précédente. Non, c'est au-delà de mes forces. Et je me sens coupable !

Je n'ose pas le dire mais je veux aussi profiter de ce baptême, de mes autres filles, de mes petites-filles... J'ai besoin d'un peu de vie, de vraie vie !

Au retour de La Colombière où nous venons d'abandonner Sophie, Christian répète encore :

« Dommage, elle était un peu mieux, elle méritait de rester avec nous ! »

Ces paroles me transpercent comme des balles. J'ai honte et je suis furieuse. Je ne sais plus ce qui est bien ou mal. De quel mieux parle-t-il ? À quoi ressemble ce mieux ? Le mieux du pire ? Des hurlements moins forts ? Des tables qui ne se renversent pas ? Sophie n'a pas gratté les tapis du salon comme elle gratte les ordures et les cailloux des chemins ? Elle n'a pas avalé ses excréments au milieu des invités ?

Mon Dieu, comme il nous en faut peu désormais pour « trouver un mieux » !

Le lendemain, sans même en parler à Christian, je téléphone au Dr S.

« Je vous en prie, ne nous laissez plus le choix. Décidez-vous même si Sophie doit rester une ou deux nuits avec nous. Mon mari ne comprend pas toujours que je puisse être à bout de forces... S'il faut que je décide moi-même le retour de ma fille, c'est terrible. Ce n'est pas possible. Cela crée entre nous un malaise, vous comprenez... »

En fait, le Dr S. n'aura rien à décider. Sophie plonge et plonge bien trop bas dans son abîme pour lui en laisser le loisir.

8

Été 1993

Par bonheur, la perspective maintenant toute proche de notre voyage aux États-Unis estompe bien des souvenirs. Comme elle apaise la déception venue du refus de Sophie d'entrer au CAT...

Une Sophie qui ne cesse de montrer sa joie à l'idée de partir si loin, à l'autre bout du monde ! Alors que nous en sommes aux ultimes préparatifs, il faut voir, comme elle se redresse, fière d'être la première de nos filles à faire un si long voyage, merveilleux cadeau offert par son père !

De fait, il sera long, ce voyage : Montpellier-Paris, Paris-Houston, Houston-San Fransisco ! Marie-Annick laisse percer son inquiétude. Qu'allons-nous faire durant toutes ces heures d'avion ? Sophie aura-t-elle la patience de rester assise dans cet espace confiné ? Sommes-nous inconscients de nous lancer dans une pareille entreprise ?

Non. Nous sommes heureux ! Tous les trois, nous sommes si heureux que cela puisse être qu'aucune difficulté ne nous semble insurmontable. Et le bonheur de Sophie, si visible, est la meilleure assurance pour que ce voyage, absolument impensable il y a encore quelques mois, devienne une vraie réussite.

Au matin du grand départ, Sophie est belle dans son tee-shirt rayé et sa salopette en jean. Le petit sac qui lui ceint la taille contient son passeport et ses dollars. C'est une belle jeune fille, un peu impatiente, qui tient fermement sa valise et semble, de prime abord, très « normale ».

À Paris, nous retrouvons les autres membres du congrès. Ils savent que la fille de leur confrère a des « difficultés », mais l'apparence sereine de Sophie est trompeuse. Si elle ne répond pas toujours aux mains tendues et aux salutations, elle se montre parfaitement à l'aise au milieu de la foule et dans son rôle de voyageuse. Comme tout un chacun, elle enregistre ses bagages, récupère sa carte d'embarquement, se promène devant les boutiques en patientant... Bien sûr, je ne la quitte pas du regard, mais mon inquiétude s'efface devant l'admiration que m'inspire son aisance.

Lorsque nous prenons place dans l'avion, les sièges me paraissent bien étroits pour les huit heures de vol qui nous attendent... Mais Sophie s'y glisse avec ravissement, curieuse de tout, l'œil aux aguets, passagère exemplaire lorsque l'hôtesse indique les consignes de sécurité. De tout l'avion, elle est peut-être bien la seule à écouter attentivement les explications du personnel de bord !

Très vite, nous avons droit à la première de ces surprises qui vont ponctuer ce voyage. Elle qui, jusqu'à ce jour, a toujours refusé de boire avec une paille — à moins de s'en servir pour souffler au lieu d'aspirer ! — boit un jus d'orange servi par l'hôtesse en tirant délicatement sur la paille fichée dans le gobelet. Un peu plus tard, elle écoute calmement de la musique, une paire d'écouteurs sur les oreilles... Jusqu'à ce jour, il a toujours été impossible de lui faire garder les écouteurs d'un walkman plus de quelques secondes !

Et cela continue. Alors que jamais elle n'a eu la patience de jouer aux dés ou à n'importe quel autre jeu de société, la voilà qui joue avec moi pendant une bonne heure. Mieux encore, elle compte les scores à haute voix !... Et chaque passage des hôtesses avec leur chariot lui est une petite fête. Finalement, c'est moi qui commence à trouver le voyage bien long et m'impatiente alors que Sophie et son père, stoïques, somnolent paisiblement, ignorant que, déjà, les USA défilent loin au-dessous d'eux.

Au centre de San Francisco, l'hôtel qui nous accueille n'a rien de séduisant. Notre chambre n'a pour toute ouverture sur l'extérieur qu'un vasistas. Sophie a droit à un lit pliant dans une sorte de vestibule. Mais à vrai dire, cela importe peu. Dès le premier jour nous arpentons la ville, les yeux écarquillés, ravis d'être au cœur de la mythique « Frisco ». Sophie continue d'être parfaitement à son aise, curieuse et admirative. Si elle ne dit mot, son sourire et son regard parlent pour elle.

Chaque soir nous allons au restaurant, suprême plaisir de Sophie, et nous faisons quelques frais de toilette. Elle prend goût à se faire belle et aime se pavaner devant le miroir de notre étroite chambre. De toute évidence, elle accueille les compliments de son père avec délice.

Au début, il en va comme dans tous les groupes où elle est introduite : chacun garde ses distances avec cette étrange jeune femme silencieuse. Mais après quelques jours, le nombre de ceux qui viennent la saluer et lui parler, sans attendre autre chose qu'un sourire en retour, va croissant. D'autres, amis de longue date et que nous retrouvons pendant ce voyage, sont stupéfaits. Le souvenir qu'ils avaient de Sophie coïncide bien peu avec la personne qu'ils ont devant eux.

« C'est incroyable, me souffle Michelle. Elle est tellement à l'aise, tellement élégante. À la voir comme ça, personne ne peut rien soupçonner ! »

C'est vrai... Durant ces quelques soirées, ces quelques journées, la souffrance, toutes les années de souffrance sont bien encloses derrière le sourire d'une Sophie heureuse. Ce n'est pas une façade, mais une vraie réalité... Passagère ? Je préfère ne pas me poser la question. Pour une fois, nous pouvons tous les trois voir le monde avec l'innocence et l'insouciance rêveuses de touristes ordinaires. Encore un miracle !

Bien sûr, il y a quelques accrocs. Juste de quoi me faire garder le sens de la mesure. Un matin, elle refuse obstinément de se laver les cheveux, de quitter la baignoire, de faire le moindre effort pour s'habiller. Alors je perds mon calme et c'est la dispute. En cachette et comme en réponse, elle dévore trois croissants d'affilée. D'ailleurs, depuis notre arrivée, elle mange beaucoup et grossit déjà visiblement. La boulimie, je le sais bien, est un signe d'angoisse. D'une angoisse qui rôde, jamais très loin.

Mais aujourd'hui encore nous nous en tirerons bien : une amie vient nous chercher pour visiter le Golden Gate Park. Un merveilleux jardin, une longue marche parmi des fleurs étranges, des glaces dégustées sur un banc au soleil brisent la tension installée en un clin d'œil ! Au soir l'incident et l'inquiétude du matin ne sont plus qu'une péripétie oubliée.

Alors que le congrès s'achève, nous profitons encore de quelques jours de vraies vacances, pour Christian cette fois. Avec un autre couple, Françoise et John, nous visitons Nappas Valley, la vallée des vins californiens. Le petit doigt en l'air, Sophie n'est pas la dernière à apprécier le champagne du cru ou le jacuzzi d'un hôtel très accueillant.

Quelques journées de rêve sans accroc, de bonheur partagé, un peu irréel, où tout semble possible, et puis c'est le retour. La patience nécessaire aux vols intercontinentaux n'a plus de secret pour Sophie. Comme boire à la paille, écouter de la musique dans un casque, jouer aux dés et même au « ni oui ni non » où elle parvient à écrire les réponses sous ma main !

Lorsque nous arrivons à la maison, nous sommes un peu hébétés. Le décalage horaire n'est pas seul en cause. C'est moins d'un voyage en Amérique que nous revenons que d'une traversée dans une étrange bulle de paix posée au cœur de l'enfer.

Très vite, nous reprenons nos activités habituelles. Certaines ne posent aucun problème : piscine, atelier d'aquarelle, randonnée, immersion dans les groupes semblent choses acquises. Les relations de Sophie avec ses petites nièces ont elles aussi trouvé un *modus vivendi*. à condition qu'elles ne prennent pas trop de place

Par contre, son « travail » à la boulangerie de sa sœur ne l'intéresse absolument plus et il vaut mieux l'interrompre. De même, c'est une épreuve quotidienne que d'obtenir désormais un peu de participation à la maison et c'en devient épuisant. À l'évidence, toutes ces occupations qui furent un réconfort pour elle il y a quelques semaines et lui ont permis de juguler son angoisse ont désormais perdu tout attrait !

Mais nous avons un nouvel objectif. Le grand projet de l'été est de l'intégrer à un chantier de jeunes en Auvergne. Une vingtaine de garçons et de filles entre dix-huit et trente ans, venant de la région parisienne mais aussi de tous les coins d'Europe, doivent s'installer dans un camp au bord du lac de Vieure. Pendant trois semaines, ils débroussailleront les abords du lac et rendront praticables les chemins abandonnés tout en faisant connaissance par-delà les difficultés de langues et de culture. Mon amie Michelle Garès est l'instigatrice de cette aventure. Elle a informé les responsables du camp qu'une jeune fille un peu « différente » sera présente en compagnie de sa mère... Qui jouera un rôle de monitrice pour l'occasion.

Sophie se montre tout à fait enthousiaste sur ce projet. Christian, lui, est d'accord sur le principe, mais avec une réserve :

« Elle ne pourrait pas partir seule ? Tu sais, Sophie sera une fois encore avec toi... Collée à toi ! Si vous n'arrivez jamais à prendre un peu de distance, vous allez finir par vous insupporter. Ce n'est pas très sain... »

Il a raison et j'en ai parfaitement conscience. Déjà, bien souvent, je suis « saoule » de Sophie, à tous les sens du terme : un peu ivre de notre permanente association et aussi, d'une certaine manière, dans le besoin et la dépendance de sa présence. Il y a longtemps que jc ne sais plus à quoi pourrait ressembler « ma vie à moi » ! Mais comment faire autrement ? Il est impossible de l'abandonner brutalement au milieu d'un groupe d'inconnus, nous le savons bien. Et nul ne peut la prendre en charge à ma place...

Néanmoins, l'idée même de sa participation à ce camp est de briser notre face-à-face et de lui permettre de faire des rencontres. Mais il faudra savoir doser cette distance. Je sais d'avance que la chose sera difficile...

En fait, le problème se pose dès le premier jour. Après un assez long voyage jusqu'à Montluçon, nous passons une première nuit chez Michelle. Le responsable du camp a préféré que nous arrivions après les autres afin de pouvoir préparer les jeunes à la présence de Sophie...

Durant la matinée suivante, l'accueil est très chaleureux. Il y a déjà une quinzaine de jeunes et un groupe de Russes est attendu pour la fin de la semaine. Aussitôt prise par la main, Sophie visite le camp où elle dormira sous une tente commune tandis que j'aurai droit à une caravane avec les responsables.

Après un premier repas sous la grande tente-réfectoire, une monitrice propose aux jeunes d'aller à pied jusqu'au village, à quatre kilomètres du camp. Comme Sophie aime marcher et qu'il faut bien qu'elle commence à partager la vie du groupe, je l'incite à faire seule cette promenade.

Pendant deux heures, étrangement solitaire, je m'installe dans un pré et profite de la vue splendide du lac. Incapable de rester vraiment inactive, je me lance dans une petite aquarelle... Hélas, dès que le groupe revient, je devine au regard furieux de la monitrice que tout ne s'est pas bien passé. Sophie a gâché la promenade en refusant de marcher. Tout du long, la monitrice a dû s'évertuer à la faire avancer !

C'est ma faute. J'ai brûlé les étapes et suis allée trop vite dans l'intégration ! Avais-je trop envie de me retrouver seule pour un moment ? N'ai-je pas assez mesuré le poids de la nouveauté pour Sophie ? Quoi qu'il en soit, je me sens coupable. Et l'incident ne se reproduira pas : de toute la semaine à venir, je ne quitterai plus Sophie !

Les activités du chantier se divisent en trois groupes : l'intendance, le débroussaillage et la détente. Sophie devient volontiers une spécialiste de cette dernière. L'art du bain de soleil et des balades en pédalo n'ont bientôt plus de secrets pour elle. Elle se fait avec plaisir quelques amis qui ne s'embarrassent pas de son mutisme. Il m'est plus difficile de la convaincre de participer aux tâches communes. Les courses ne posent guère de problème : elle suit et porte. Pour la vaisselle, elle veut bien porter aussi la bassine des couverts jusqu'aux éviers, mais ensuite...

En revanche, la fin des repas devient son instant de prédilection. Une tasse de café devant elle, assise au milieu d'un groupe, sans un mot mais écoutant avec une extrême attention, elle suit l'échange un peu chaotique de trois Espagnols, deux Yougoslaves, une Allemande et quelques Français... Soir après soir, les conversations prennent de l'ampleur et Sophie se montre de plus en plus à l'aise dans son rôle d'auditrice. Parfois, à cause d'un mot, d'une expression ou d'une erreur de langage, son rire éclate, cristallin...

Elle dort bien et elle est même souvent la dernière levée. Il n'est pas encore question pour elle de participer aux travaux de débroussaillage, donc tout va bien. Le 14 juillet est l'occasion de faire une vraie fête.

« Sophie, demande Carlos avec son accent roulant, tu viendras au bal avec nous ?

— D'accord ! »

La musique est assourdissante. Sophie reste sagement appuyée contre un arbre. Précautionneusement, je l'invite à danser avec moi. Elle résiste mais j'insiste. D'abord aussi raide qu'un bout de bois, elle tourne vaguement. Puis ses bras se détendent, son corps tout entier semble percevoir le rythme comme un lointain écho... Oh, ce n'est pas encore une danse, mais la vie de la fête passe en elle.

Un garçon du groupe, Alain, semble lui aussi très tendu ce soir, timide et embarrassé de lui-même. Alors que Sophie se repose, je l'invite à danser. Il refuse, puis cède... Et après quelques pas, il va de lui-même inviter Sophie... Qui ne se fait guère prier. Ils dansent. Elle danse presque. Ou du moins, ses sautillements peuvent passer pour une danse au milieu des jerks et autres rocks ou raps déhanchés !

À trois heures du matin, c'est une Sophie ravie que je ramène au camp avec ses compagnons. Son premier bal du 14 Juillet...

Hélas, tout n'est pas aussi idyllique que cette soirée. Sophie mange beaucoup, reprend trois ou quatre fois des pâtes. Un signe d'angoisse que je connais trop bien ; je sens sa boulimie revenir. Mais, surtout, depuis quelque temps, un nouveau geste compulsif est apparu. Durant de longs moments elle frotte son pouce contre son index. Un nouveau signe d'angoisse qui m'inquiète un peu. Et puis un jour, c'est le blocage.

À dire vrai, il s'agit du mien autant que du sien.

Cette fois, Sophie doit participer au travail de

débroussaillage. Pas question pour elle d'utiliser les faucilles ou même les sécateurs : elle transportera les branchages coupés. Mais cela ne semble encore pas être à son goût. Après y avoir été incitée plusieurs fois, elle ne ramasse toujours pas la moindre brindille. La colère s'empare de moi. Je pose sans douceur herbes et branchages dans ses bras. Elle reste superbement immobile.

Son regard narquois devrait me mettre en garde mais, devant une si belle inertie, ma colère monte d'un cran. Je l'attrape par son tee-shirt et la tire. Elle résiste.

Est-ce la fatigue, la lassitude ou la déception plus ou moins consciente de percevoir, une fois de plus, que rien, vraiment rien, ne peut être simple ni normal malgré tous les efforts accomplis ? Ma colère devient fureur. Je la secoue brutalement, une gifle sonore s'écrase sur sa joue...

Aussitôt mon geste me désespère. Son refus me désespère. Je suis tombée dans le vieux piège. J'ai exigé alors que j'aurais dû proposer. Mon désir de la voir travailler avec les autres a été trop grand. Et puis la frontière entre l'incitation et l'obligation est si ténue ! Je me sens soudain démunie, perdue à mon tour dans un labyrinthe sans issue...

Nous revenons au camp sans que je puisse dire un mot. Je tremble et j'ai du mal à contenir mes larmes. Sophie est désormais d'une passivité absolue. Du coin de l'œil, je vois son pouce et son index s'activer à toute vitesse. Elle est mal. Elle est mal et c'est ma faute. Mais ma propre violence me terrasse encore et je suis incapable de trouver les mots et les gestes qui nous réuniraicnt.

Dès notre arrivée au camp, je prends une douche puis

vais m'asseoir à l'écart près d'un arbre et achève de me calmer. Craintive comme un petit animal redoutant de ne plus être aimé, Sophie me rejoint. Je la fais asseoir, elle pose sa tête sur mes genoux. Nous nous retrouvons.

Longtemps, très longtemps, je lui parle. Je lui dis que je comprends son refus mais qu'elle doit aussi comprendre ma colère. Je lui caresse le visage, lui dis comme je l'aime. Comme je l'aime terriblement...

Nous sommes devenus un couple, un vrai couple d'amour, avec ses crises et ses déceptions, ses luttes animales de territoire. Le temps est venu de ménager plus d'espace entre nous. Désormais, elle sera avec d'autres pendant les après-midi. Chacun, dans le camp, connaît maintenant son étrangeté et sait s'en accommoder.

Sophie semble apprécier ce changement. Lorsque je la retrouve le soir, ses doigts sont calmes. De plus, elle commence à communiquer. Un jour, je l'entends demander à une monitrice :

« Tu as des enfants, toi ?

— Mais oui...

— Et tu les vois pas ?... »

Après le repas, elle joue à la pétanque où, contre toute attente, elle se montre très adroite. En fait, la communication est en train de naître à travers les jeux. Après la pétanque, il y a « le carré arabe » et, un soir, Hassan lui explique les règles des échecs...

Au téléphone, je confie à Christian un projet qui me paraît de plus en plus réalisable :

« Je crois que, pour la dernière semaine, je pourrais

laisser Sophie seule avec les autres et rentrer à la maison...

— C'est vraiment possible ?

— Mais oui. Hélène, la jeune fille qui vit chez Michelle pourrait venir le matin me remplacer. Sophie la connaît suffisamment... Et comme ça, elle pourrait passer une semaine sans moi, uniquement avec les jeunes du camp... »

Je suis maintenant persuadée qu'il faut tenter cette expérience que Sophie accepte sans hésiter.

Comme un premier effet de cette décision, elle se montre particulièrement active et coopérante pendant les trois derniers jours que nous passons ensemble. Elle devient la préposée à l'ouverture des boîtes de conserve, aide à préparer les plats et fait de son mieux sur le chantier. Nous parlons souvent de mon prochain départ. Chaque fois elle confirme son accord... même si ses doigts s'agitent encore fébrilement. Finalement, le samedi matin, nous nous disons au revoir sans trop de difficulté.

Pour moi, c'est une étrange semaine. Sept mois que je n'ai rien fait sans Sophie ! Mon esprit plus que mon corps a besoin de se reposer. Mais incapable de rester sans rien faire, je décide de tapisser notre chambre qui en a bien besoin.

Chaque jour, de bonnes nouvelles parviennent du camp. Il y a bien quelques accrocs : Sophie a fait pipi sur mon lit dans la caravane, elle a dévoré en cachette une boîte de chocolats... Mais Hélène sait s'occuper d'elle et continue à l'intégrer au groupe.

Lorsque nous rejoignons le lac à la fin de la semaine, c'est une Sophie très fière d'elle que nous retrouvons. Elle a encore grossi mais, de toute évidence, elle est heureuse et ravie de son séjour. Elle a réussi à se faire des amis et à passer toute une semaine sans sa maman !

Sophie a gagné ! Nous avons gagné !

Mais pourquoi, dès la première nuit qui suit notre retour, mouille-t-elle son lit ?

Étrange Sophie, toujours si difficile à comprendre et à apprivoiser ! Mais aujourd'hui c'est, malgré tout, notre Sophie sourire, notre Sophie amour et notre Sophie espoir !

De retour à la maison, les effets du camp continuent à se faire sentir. Un véritable pas semble avoir été franchi. Sophie se montre toujours active et pleine de bonne volonté. Elle participe au ménage et entreprend d'aider son père à changer la moquette du bureau et la tapisserie des toilettes...

Et puis, brutalement, une mauvaise nouvelle nous parvient par téléphone. Mon frère Georges a perdu quinze kilos en cinq semaines. Christian insiste aussitôt pour qu'il se présente à l'hôpital et se soumette à une série d'examens. De son côté, il prend contact avec certains confrères. Après une dizaine de jours d'inquiétude, le verdict tombe, brutal, terrible : cancer de la gorge inopérable.

Sophie a toujours beaucoup aimé son « tonton Georges ». Lors de sa dernière crise, pendant son séjour à La Colombière, mon frère et moi nous étions durement affrontés sur la manière de réagir face à sa maladie. Mais le temps a passé, j'ai compris et pardonné. Au printemps dernier, Georges a retrouvé avec beaucoup de tendresse et d'émotion une Sophie nouvelle. Une affection qu'elle lui rend sans hésiter. Aujourd'hui, il est impossible de lui cacher longtemps la vérité : toute la famille est ébranlée par ce drame. Mieux que n'importe qui, elle sait deviner l'angoisse et la peur chez les autres. Aussitôt, elle, qui n'a mouillé qu'une fois son lit depuis son retour du camp, se laisse à nouveau aller.

Mais il faut faire face. Nous devons nous rendre au plus vite auprès de mon frère et décidons de la laisser choisir :

« Sophie, tonton Georges est très malade. Ta tante Colette est très triste, ils sont seuls et ont besoin de nous... On va partir à Aix-les-Bains pour les voir. Veux-tu rester ici avec tes sœurs ou préfères-tu venir avec nous ?

— D'accord !

— D'accord pour quoi ? Pour venir avec nous ?

— Oui ! »

Mon frère, un athlète de presque deux mètres, nous accueille, voûté par la fatigue. Il est d'une maigreur impressionnante. Sur le côté gauche de son cou, la tumeur est visible, énorme.

Quand il s'assoit sur le canapé, Sophie prend place à côté de lui et, d'un geste inhabituel, saisit la main qu'il a posée sur ses genoux. Un geste qui en dit long. Qui mieux qu'elle sait ce que représentent souffrance et détresse[1] ?

Notre retour à Montpellier est silencieux. Je ne me fais guère d'illusions sur une possibilité de rémission. Reverrai-je seulement ce frère que j'ai tant aimé ? Tout au long de la route, les larmes me brouillent la vue. Les yeux de Sophie sont rouges et brillent.

1. Birger Sellin : *Je ressens de la joie et de la douleur et également de la tristesse tout cela comme les êtres normaux et j'ai de la compassion pour les autres...* 22-4-1992, *op. cit.*

Dans les semaines qui suivent, l'atmosphère reste sombre et inquiète à la maison. Chaque nuit je me lève pour accompagner Sophie aux toilettes, mais chaque matin son lit est mouillé.

Nous mettons autant d'énergie que nous le pouvons dans les activités quotidiennes. Pour quelque temps, je trouve enfin le moyen de me libérer trois après-midi par semaine en confiant Sophie à des jeunes filles de son âge qui l'accompagnent en ville, écoutent de la musique avec elle... Et puis elle participe à un nouvel atelier d'informatique qui lui permettrait peut-être de trouver une manière neutre mais efficace de communiquer. Mais, hélas, même si cela l'intéresse, elle se montre assez vite réticente aux consignes de l'éducateur.

Pendant ce temps, les nouvelles d'Aix-les-Bains sont de plus en plus mauvaises. Je fais souvent l'aller-retour tandis que Marie-Annick reste avec Sophie. Un soir, alors que je viens d'arriver, Marie-Annick m'entraîne à l'écart :

« Maman, Sophie s'est blottie contre moi et elle a pleuré ! Je t'assure, elle était secouée de sanglots ! »

Jamais, même aux pires moments de sa propre souffrance, jamais Sophie jusqu'à ce jour n'a pleuré. Comme tous les autistes, jamais encore elle n'a laissé aussi simplement transparaître son émotion.

Quelques jours plus tard, alors que je viens de la laisser dans la voiture le temps d'une brève course, je la retrouve le visage inondé de larmes [1].

1. Birger Sellin : L'autisme, *c'est la coupure de l'homme des premières expériences simples comme des expériences essentielles et importantes par exemple pleurer*, p. 102 ; *je dois apprendre à pleurer...*, p. 191, *op. cit.*

Mme Boyer, notre patiente et fidèle psychanalyste, me dit alors :

« C'est un bien ! C'est un bon signe. Si elle s'autorise à pleurer, à montrer sa douleur et sa tristesse, alors peut-être bientôt s'autorisera-t-elle à vivre ses autres sentiments, ses autres émotions... À vivre comme tout le monde, qui sait ? »

Est-ce possible ? D'un mal peut-il naître un bien ?

Je voudrais le croire, mais à nouveau j'ai peur. À nouveau, je sens une menace comme si nous marchions sur le fil trop tranchant du couperet.

Est-ce la tristesse du moment ? L'agonie douloureuse et déchirante de mon frère ? Ou simplement parce qu'il y a tout juste un an Sophie elle-même flirtait chaque jour avec la déchéance et la mort ? Le passé à nouveau me saute à la gorge. Les souvenirs se précipitent sur moi comme autant de dards empoisonnés.

Il est si facile de se souvenir du pire.

9

Novembre 1992

Ce mois de novembre 1992 est à l'image de l'été brûlant qui vient de s'achever. Le soleil est si chaud qu'il est difficile d'imaginer que Noël sera bientôt là.

Mais, à dire vrai, Noël est de toute façon inimaginable pour nous. À quoi pourrait bien ressembler Noël alors que notre Sophie est toujours enfermée dans sa chambre du pavillon 20 ? Désormais, j'ai chaque jour l'impression que nous descendons inexorablement, marche après marche, supplice après supplice, dans la fosse sans fond de la déchéance.

Rien, rien jamais n'arrête cette glissade. Aucune aspérité, aucun espoir pour s'accrocher. Seulement une obscurité plus grande, une douleur plus profonde, qui nous attendent et nous guettent. Cependant le soleil brille, continue de briller. Parfois je m'en aperçois et me demande comment cela est encore possible.

Ce jour-là, Sophie est étrangement calme. Certes, elle a besoin de marcher et de bouger, mais son comportement me fait penser à une « agitation calme ». Elle a attrapé un morceau de pain dans la cuisine et nous allons marcher dans la garrigue en compagnie de Marie-Annick.

Tandis que nous passons sous des amandiers, elle grignote son pain. Elle est si paisible que, surprises par ce moment inouï de tranquillité, nous commençons à cueillir quelques amandes. Mais soudain, je m'aperçois que plus elle mange son quignon de pain, plus sa gorge enfle. Et même ses joues maintenant ! Il me faut quelques secondes pour comprendre que Sophie mâche mais qu'elle *n'avale pas* ! Elle est tout simplement sur le point de s'étouffer !

Avec le plus grand mal, luttant contre elle qui ne veut pas lâcher son pain ni le recracher, nous parvenons à lui libérer la bouche. Plus difficilement, je plonge mes doigts dans sa gorge pour retirer la mie amalgamée afin qu'elle puisse convenablement respirer !

Que s'est-il passé ? Pourquoi n'a-t-elle pas avalé ? Mystère.

À midi, Patricia nous rejoint. Sophie semble toujours aussi paisible. Nous la surveillons attentivement : elle porte les aliments à sa bouche, lentement pour une fois... et n'avale rien !

L'angoisse et le mal-être de Sophie commencent à être de plus en plus patents et nous partons toutes les quatre en voiture. Patricia s'installe à l'arrière avec Sophie, Marie-Annick conduit. Nous n'avons pas fait une dizaine de kilomètres que Sophie s'effondre sur sa sœur.

« Maman ! Sophie n'est pas bien, elle ne veut pas ouvrir les yeux ! »

Patricia a le plus grand mal à l'étendre sur le siège arrière. Nous nous arrêtons. Je cherche son pouls, mais me sens paniquer et ne suis guère certaine d'y parvenir.

Marie-Annick au volant, nous repartons à toute allure en direction de l'hôpital.

Les yeux clos, la bouche grande ouverte, Sophie entre dans un état comateux. Patricia tremble.

« Maman ! Maman, je crois qu'elle ne respire plus ! »

Marie-Annick brûle les feux rouges, bloque le klaxon et enfin nous franchissons le portail de l'hôpital... Las, nous sommes samedi : ni médecin, ni interne au pavillon 20 ! Mais le calme de l'aide soignant est presque réconfortant.

« Allez, Sophie, réveille-toi ! Ce n'est rien ! »

Mais ce n'est pas rien et elle ne se réveille pas. Elle est toujours effondrée sur les genoux de sa sœur, livide, immobile. L'aide soignant alors la secoue brutalement, lui donne quelques gifles... Et, finalement, elle ouvre les yeux. Elle nous regarde avec l'esquisse d'un sourire. Comme si elle venait de nous faire une bonne farce.

« Mais que s'est-il passé ?

— Je ne sais pas, dit l'aide soignant. Son pouls et sa tension sont assez bas, mais je pense que ça va aller maintenant... Ce n'est rien. Une petite faiblesse... Vous pouvez rentrer sans vous inquiéter. »

Sophie demeure d'un calme inaccoutumé pendant presque vingt-quatre heures. Elle recommence à pouvoir avaler et dort longuement. Mais ensuite ce sont à nouveau les cris, une agitation brutale et agressive, les heures sans sommeil qui reprennent.

« Mais que s'est-il passé ? »

J'insiste pour avoir une réponse. Christian et moi rencontrons le Dr S. Il n'en sait guère plus que nous et ne peut répondre précisément à nos questions. Il n'y a que des hypothèses, mais nous en concluons que la plus probable semble être une erreur de dosage dans les médicaments... Il se peut qu'on ait donné à Sophie deux fois son traitement ! Avec ce qu'elle prend déjà, cela équivaut à une overdose ! Elle aurait pu, tout simplement, en mourir.

Le Dr S. semble aussi stupéfait que nous. À quoi bon protester encore ?

De toute façon il faut changer à nouveau de neuroleptique. Celui-ci semble plus l'exciter qu'autre chose.

« *Nous* pensons que l'Haldol serait mieux. »

Christian lui demande avec quels confrères il a parlé du cas de Sophie. Mais ce « nous » signifie seulement les infirmiers et lui.

Christian ouvre de grands yeux. Pour lui, professeur à la faculté de médecine, cette attitude est incompréhensible. Mais depuis longtemps, nous avions deviné à quel point il était important de ne pas contrarier le personnel.

Nous le sentons tous, il faut parvenir à sortir Sophie de cet endroit de cauchemar. S'il n'est pas possible de l'en sortir définitivement, il faudrait au moins lui aménager plus de temps dehors. Mais comment ?

En désespoir de cause et sur le conseil du Dr S. comme si nous n'étions pas conscients de l'immense probabilité d'un refus, nous nous tournons une nouvelle fois vers le centre de La Pradelle où elle a séjourné juste avant sa crise. Là-bas, ils la connaissent, là-bas ils l'ont déjà aidée une fois... Pourquoi ne pas essayer à nouveau ?

Nous obtenons un rendez-vous. Et ce semblant d'espoir nous suffit à tenir pendant les jours d'attente.

Les « promenades » avec Sophie deviennent de plus en plus difficiles. Elle continue de s'accroupir par terre, gratte les cailloux, les déjections des animaux, tout ce qu'elle trouve. Et puis, soudain, de sa voix déchirante et durcie par la douleur, elle crie :

« Je fais peur aux autres, je te dis, maman, je fais peur aux autres, je te dis !

— Non, Sophie ! Non, ma Sophie chérie, tu ne fais pas peur...

— Je te dis que je fais peur aux autres ! Je te dis que je fais peur aux autres, maman [1] ! »

J'avale les sanglots qui me viennent et cherche à la serrer contre moi. Je sais qu'il est inutile de lui mentir. Je connais sa lucidité. Il est vrai qu'elle fait « peur aux autres ». Avec sa silhouette informe, sa démarche chaotique, ses cris et ses gestes incohérents, avec ses yeux qui semblent jaillir hors de leurs orbites, elle est l'image effrayante d'une humanité brisée et déchue que nul ne souhaite croiser. Mais tous les « autres » n'ont pas peur d'elle cependant.

« Ma Sophie, tes sœurs, ton papa et ta maman n'ont pas peur de toi. Nous, nous savons. Quelquefois les autres sont surpris par tes gestes, par ces gestes que tu ne peux pas maîtriser. Nous, nous savons que tu ne peux pas. Les autres n'ont pas peur, ils sont seulement surpris. Pas habitués... »

Longtemps, je lui parle ainsi. Je lui parle des amis qui l'aiment et qui n'ont pas peur. Je veux la convaincre. Je sais trop que la conscience qu'elle a de cette peur se retourne contre elle, que se forme ainsi un cercle vicieux dans lequel elle étouffe...

1. Birger Sellin : *Des birger font peur aux autres...*

Finalement, je parviens à l'apaiser un peu. Mais pour combien de temps ? Comment vivra-t-elle cette culpabilité, cette horreur d'elle-même lorsque, à nouveau, elle sera enfermée dans sa chambre-cellule, dans ce pavillon où les aides soignants, le trousseau de clefs en main, la considèrent sans bienveillance ? Ce matin même, alors que j'attendais sa sortie, je les ai entendus s'interpeller :

« Eh, dis donc, tu l'as faite Préfaut ?

— Oui, oui, je l'ai faite ! »

Oui, ma fille « est faite », comme on « fait la vaisselle » !... J'ai beau savoir que c'est là du « langage d'hôpital », sans méchanceté volontaire, je ne peux m'empêcher d'imaginer ce que peut ressentir Sophie à être traitée ainsi, comme un objet encombrant dont il faut se débarrasser au plus vite. Sa remarque même, *Je fais peur aux autres*, est une preuve supplémentaire, s'il en fallait, de son attention à tout et à tous. Et si elle n'ose pas dire : *On me traite comme un chien*, c'est sans doute parce que désormais, au fond de son puits, elle n'imagine plus avoir droit à autre chose.

Enfin nous sommes en route pour La Pradelle. Je m'efforce de ne pas fonder trop d'espoirs sur ce rendez-vous avec l'un des éducateurs du centre. J'aime toujours autant faire cette route qui nous mène dans les Cévennes par Anduze et St-Jean-du-Gard. Cela me rappelle tant de bons souvenirs, des souvenirs d'avant l'hôpital...

Mais Sophie, elle, n'est pas bien. Elle semble très inquiète... et donc très agitée. Lorsque nous arrivons et que l'éducateur s'avance pour nous accueillir, je le vois s'immobiliser de stupeur. Le monstre à la démarche mécanique qui lui fait face ne ressemble plus en rien à la Sophie qu'il a connue six mois plus tôt, au tout début de la crise.

Comme convenu, je la laisse dans le centre pour deux heures... Deux heures à attendre un verdict que je devine déjà. Le regard de surprise et d'effroi de l'éducateur m'a glacée. Ce vain espoir que je cherchais à entretenir envers et contre tout se pulvérise en me déchirant la poitrine.

N'ayant rien de mieux à faire, je reviens à Anduze, machinalement, comme je le faisais autrefois avec Sophie. Nous nous promenions alors dans les rues étroites. Mais cette fois, comme si je n'avais vraiment plus aucun autre endroit où aller, je me retrouve dans l'église. Il y a bien longtemps que je ne sais plus prier, si jamais je l'ai su vraiment. Mais je reste là, sur un banc, pendant une heure très longue, à m'adresser à Dieu, à Marie, à quiconque jouit d'un quelconque pouvoir sur la terre et les hommes. Je supplie pour que ma fille puisse retrouver une vie décente, une vie d'être humain, loin de l'omniprésente terreur, loin des angoisses et du puits des horreurs de l'autisme. Pour la première fois de mon existence, je brûle un cierge. J'appelle au secours.

Mais la fumée du cierge n'enveloppe aucun miracle. À mon retour à La Pradelle, je retrouve l'éducateur effrayé, exténué. Il a passé tout son temps à courir derrière Sophie, ne parvenant pas à la contrôler, évitant de justesse qu'elle ne s'étouffe en mangeant de la terre et des cailloux...

« Jamais je n'ai vu quelqu'un dans un état pareil ! » me souffle-t-il, presque sans voix.

Il n'est même pas besoin d'attendre la conclusion de son rapport. Sophie va devoir retourner à l'hôpital.

Étrangement, comme si elle s'était débarrassée d'une peur, elle est un peu plus calme lors du chemin du retour. Elle écoute même la musique diffusée par la radio, répète quelques bribes de chanson... De toute évidence elle ne veut plus de La Pradelle. Pourquoi ? Mystère. Y a-t-elle de mauvais souvenirs ? J'ai, moi, le souvenir qu'on l'y a bien traitée. Alors quels sont les craintes et les démons qui la hantent lorsqu'elle s'en approche ? Insoluble mystère.

Mais le soir, lorsque je retrouve Christian, il nous faut faire face à ce nouvel échec. Et nous ne savons plus ce que nous allons devenir.

Comment vivre avec cette enfant qui ne vit plus ?

La valse des drogues continue et, ajoutée à quelques nouvelles erreurs, prend une tournure réellement angoissante.

L'Haldol semble d'abord confirmer « le bon choix » des infirmiers. Pendant quelques jours Sophie paraît plus calme. Toutefois, en l'accompagnant à la voiture tout à l'heure, j'ai remarqué que sa marche avait changé. Son petit pas saccadé s'est curieusement allongé et elle semble toujours à la limite de la chute. Sans doute est-ce un nouvel effet secondaire des drogues. Mais, puisqu'elle est paisible, j'en profite. C'est l'anniversaire d'une amie alésienne, je décide de faire un saut chez eux avec Sophie. Les Gatien sont depuis toujours prêts à nous accueillir et d'autant plus à présent que leur « Sophinou » se sent mal.

Le soleil est toujours au beau fixe. Durant l'heure de trajet, Sophie, d'un calme rare, admire le paysage. À notre arrivée, Claire et Nathalie se précipitent à notre rencontre. Surprise : Sophie ne peut plus descendre de voiture. Nous l'aidons, mais, dès qu'elle est debout, elle s'effondre sur la pelouse. Elle ne semble pas avoir mal mais au contraire s'amuse de cette situation cocasse. Nous la relevons et, à deux, la conduisons jusqu'à un fauteuil... Elle semble bien, paisible comme au cœur d'un typhon !

Étrange après-midi. À aucun instant elle n'exige notre surveillance, alors que d'habitude, lorsque nous venons ici, elle n'a de cesse de se laisser tomber comme un sac au fond de la piscine et manque nous y entraîner si on la laisse s'agripper à nous... Aujourd'hui, même le délicat bouquet de roses d'anniversaire posé sur la table ne risque rien. Sophie, immobile, grimace un sourire.

Mais nous devons encore la transporter jusqu'à la voiture. Dès le lendemain, elle reprend ses petits pas mécaniques et son agitation forcenée. L'énigme, cette fois, est vite éclaircie : il semble qu'un aide soignant ait tout simplement oublié les « correcteurs » dans son cocktail de drogues !

L'effet du Haldol ne dure guère. Il faut encore changer de neuroleptique.

Les effets secondaires sont de plus en plus violents. Sophie s'effondre n'importe où, n'importe quand. Comme épuisée, elle vacille, peine à se tenir debout. Parfois elle reste « éteinte » ou prostrée même devant la nourriture. Sa boulimie disparaît, mais tout disparaît en elle, jusqu'à son regard. Et puis, un samedi matin, alors que nous venons d'arriver à la maison, je découvre son front brûlant de fièvre.

40° puis 41°. Elle est calme. Les premiers symptômes font penser à une angine. Cependant, lorsque Christian joint le Dr S., celui-ci le met en garde. Les symptômes du « syndrome malin » des neuroleptiques ressemblent à une angine mais peuvent entraîner la mort à très brève échéance. Il faut supprimer les neuroleptiques et immédiatement donner à Sophie un antidote...

Dès le lendemain, la fièvre tombe et, le lundi, les analyses ne confirment pas le diagnostic du syndrome malin. Toutefois, dans les jours qui suivent, Sophie a un comportement de plus en plus étrange. Tantôt calme, tantôt agitée, elle semble perdre ses réflexes, urine sans même s'en apercevoir, ne veut rien avaler et soudain, hébétée, ouvre la bouche comme un poisson jeté hors de l'eau... Si cela est encore possible, elle maigrit. Son épuisement est terrible. Elle parvient à peine à marcher, à tendre un bras. Et puis brusquement ses mains pivotent, se replient sur le poignet, s'immobilisent « en col de cygne »...

Face à mes questions le Dr S. ne semble guère inquiet.

« Elle ne peut plus marcher, elle reste prostrée, allongée, son regard ne se pose plus sur rien ! Elle ne parle plus du tout...

— Vous savez comme son comportement est parfois bizarre. Elle doit réagir au changement de traitement.

— Mais ses mains ? Cette paralysie, comme ça, en col de cygne.

— Peut-être imite-t-elle d'autres malades ? C'est fréquent chez les autistes. Tout est possible, vous savez. »

Encore une journée et elle refuse de s'alimenter. Il

devient même difficile de lui faire prendre le moindre cachet. J'ai peur, de plus en plus peur.

« Peut-être un blocage, dit le Dr S. Rien de plus. Vous savez, quand elle a décidé quelque chose... »

Et puis, lorsque je viens la chercher, cette fois, en un seul regard, je sais que nous sommes au fond du trou. On me laisse attendre dans la salle de soins. La porte s'ouvre, l'aide soignante pousse un fauteuil vers moi. Dedans il y a la forme d'un corps recouvert de chiffons : ma fille.

Ma Sophie tant aimée n'est plus que « ça ».

Sans un mot, sans une explication, l'aide soignante abandonne les poignées du fauteuil et s'en va. La tête de Sophie pend sur sa poitrine, sa bouche ouverte laisse couler la bave en un filet continu. Ses mains sont immobiles sur ce qui reste de ses cuisses couvertes d'un pantalon bleu, délavé et déchiré, trempé d'urine.

« Sophie ! Sophie ma chérie ! Je suis là, maman est là, je suis près de toi... »

Son regard est mort. Elle n'entend plus.

Bêtement, naïvement, je prends son visage entre mes mains et tente de le redresser. Sa tête retombe. Une fois, deux fois, trois fois... Je ne sais plus. Je ne sais plus ce que je fais, ce que je vois. J'essuie la salive dans son cou, mais elle coule sans fin.

Je tire le fauteuil près d'une banquette. Comme je peux, je l'en extirpe. Sophie pèse si peu et pourtant je parviens à peine à la soulever. Je l'allonge, je la caresse, je lui parle, je l'embrasse, je ne sais plus, j'ai mal, mal. Sa tête reposée sur ma veste en cuir ne pend plus, sa salive ne coule plus. Je détends ses jambes et replie ses bras sur sa poitrine. Je cherche éperdument un message dans ses yeux hagards. Je m'imagine que je la vois pour la dernière fois. Oui, je pense qu'elle va mourir. Ce n'est pas possible de vivre ainsi. Elle m'échappe, et je voudrais tant la retenir ! Je voudrais être à sa place, donner mon sang, mon souffle...

Une aide soignante apporte un pot de compote. C'est gentil. Mais les cuillerées restent dans sa bouche et je ne peux la nourrir. Je demeure là, à la caresser et à lui parler. Toutes ces heures, ces semaines, ces mois d'horreurs qu'elle vient de vivre, que nous venons de vivre, défilent dans ma tête. Tant d'humiliations et de souffrances pour en finir ainsi, dans un fauteuil ! Tant de drogues et si peu d'humanité pour en arriver là !

Une infirmière entre, sans frapper. Un ton sec et un regard plus sec encore.

« Il y a plus de deux heures que vous êtes là, vous savez. Normalement, les parents n'ont pas le droit de rester dans cette pièce. Vous énervez les autres malades. Ils sentent que vous êtes là et sont tout excités !... »

La porte claque.

Je ne bouge pas. Je veux profiter encore de Sophie. Je veux prendre en moi, dans mes yeux, tout au fond de moi, cette poupée de chiffons, mon enfant. Cette partie de moi devenue épave, ma fille. Ma fille pour toujours. Je veux prendre son regard vide, je veux que plus jamais, jamais, elle ne soit ainsi. Je la serre encore contre moi, je voudrais qu'elle rentre en moi à nouveau et vive de mon souffle. Et tandis que je la retiens contre ma poitrine, je comprends que jamais, jamais je ne permettrai qu'on réduise mon enfant à une vie de poupée brisée dans un fauteuil roulant.

Derrière la porte, la voix de l'infirmière est stridente.

« Bon alors, on y va ? J'emmène ceux-ci en promenade. Martin, je vous le laisse. Il emmerde celui-là... »

Dans la nuit qui suit, Sophie subit la première de ses crises d'épilepsie à répétition. Au petit matin, les infirmiers la retrouvent sur le sol à côté de son matelas, inconsciente.

Quelques jours plus tard, l'hypothèse retenue sera celle d'un sevrage du Valium brutal et mal géré.

10

Décembre 1993-août 1994

Un an plus tard, malgré tous les efforts et tous les vrais progrès accomplis, la fin d'année est à nouveau occultée par le drame.

Un jour de décembre, nous recevons un appel d'Aix-les-Bains. Mon frère n'a plus que quelques semaines à vivre. Sophie lit la détresse sur nos visages. Nous lui parlons de son oncle, de cette maladie qui l'emporte.

« Tu sais, il va peut-être mourir, mais il souffre tant que c'est peut-être mieux ainsi. Tu comprends ? La mort sera comme un repos pour lui. Il n'aura plus mal. Il ne faut pas que tu sois trop triste... C'est ainsi, parfois il faut dire adieu à ceux qu'on aime beaucoup... »

Oui, elle semble comprendre. Ses yeux à nouveau se mouillent de larmes.

Le 11 février 1994 mon frère meurt.

Que doit-on faire pour Sophie ? Christian est d'avis qu'on la tienne à l'écart. Mais est-ce possible ?

Mme Boyer me dit :

« Sophie a eu des angoisses de mort. Elle n'ignore pas la mort, loin de là. Mais peut-être s'en fait-elle une image terrible, exagérée. Son imagination peut dépasser la réalité. Lui cacher cette mort, l'en écarter risque de raviver cette imagination. Vous-même, enfant, n'avez-vous pas souffert de n'avoir pas vu vos parents, paisibles sur leur lit de mort ? N'en avez-vous pas nourri toutes sortes de questions imaginaires et torturantes ? Vous avez la possibilité de montrer à Sophie que la mort, si dramatique qu'elle soit, n'est que l'aboutissement naturel de la vie... Elle pense, elle réfléchit, elle est intelligente. Elle a le droit de faire face à la réalité comme n'importe qui. Si vous l'en écartez, à nouveau elle se sentira exclue, anormale... »

Et c'est finalement tous ensemble que nous nous retrouvons autour de mon frère pour un dernier adieu. Mais, dès le retour à Montpellier une écholalie[1] s'installe.

« Et tonton ? Où il est tonton ?

— Il est au ciel, ma chérie.

— Ah... Il est au ciel. Et c'est quoi, le ciel ?

— C'est un endroit, près de Dieu, où vont les âmes.

— Alors il est où, tonton ? Il est au ciel ?

— Oui, Sophie, il ne souffre plus.

— Ah... Où il est tonton ?... »

Comment lui expliquer quelque chose que je ne parviens pas moi-même à comprendre ? Néanmoins, à force de réponses patientes, elle s'apaise et reste pensive.

Dans les jours qui suivent, elle parle souvent de son oncle. Je lui lis un beau texte : *Je ne suis pas parti, je suis dans la pièce à côté...* Moi aussi, je m'accroche à cette pensée réconfortante et sécurisante.

Pour la distraire, nous partons quelques jours chez

1. Répétition sans fin de phrases ou de mots.

Roland et Josy dans le Vercors et nous fêtons là son anniversaire. Sophie a vingt-trois ans.

Le plus souvent possible nous marchons et nous marchons de plus en plus loin. Je sens qu'il faut brûler de l'énergie, non seulement distraire la pensée mais aussi la tension qui monte dans son corps.

Alors qu'il a beaucoup neigé en mars, une idée me vient :

« Sophie, si nous allions jusqu'à Mandagout à pied ? On peut faire ça toutes les deux en deux jours. Qu'est-ce que tu en penses ? Ça serait un vrai exploit...

— D'accord. »

Suis-je inconsciente ? Est-ce une course en avant un peu folle, parce que j'ai peur ? Peur de l'immobilité de Sophie et de ce qu'elle peut engendrer ? Sans doute, oui. Mais je sais aussi qu'il ne faut pas cesser de nous battre et que Sophie a besoin de victoires, de toutes sortes de victoires qui lui prouvent que la vie est possible. Sa vie...

D'ailleurs, elle boucle son sac à dos avec un plaisir évident. Marie-Annick décide de nous accompagner, mais elle manque d'entraînement. Ses pieds la font vite souffrir. À Ganges, au matin du deuxième jour, elle décide de rentrer. Lorsque je propose à Sophie que nous continuions toutes les deux, un grand sourire me répond.

Dans les cols des Cévennes, la neige a couché les chênes verts sur le chemin. La marche devient plus difficile. Sophie renâcle devant les arbres et il me faut parfois user de toute ma persuasion pour qu'elle franchisse les obstacles... Et, soudain, nous ne sommes plus qu'à quelques kilomètres de Mandagout. Une sorte d'euphorie nous prend à l'approche du village. Je me mets à chanter à tue-tête, Sophie reprenant les refrains avec moi.

Christian, qui nous attend, nous voit arriver, le rouge aux joues, très fières de nous...

Hélas, quelques jours plus tard, Sophie est reprise d'écholalie. Elle soliloque constamment et parfois même la nuit. Dès que cela est possible nous quittons la maison, où cette répétition devient vite insupportable, pour marcher dans la campagne.

À nouveau, je sens Sophie en train de glisser. À nouveau j'abandonne Christian, mes filles et mes petites-filles pour me consacrer exclusivement à elle. La nuit, je m'installe sur un matelas près de son lit. Nous repartons marcher longuement dans les Cévennes. Dans le brouillard et la pluie, protégées par nos capes, nous allons droit devant nous, pareilles à des fantômes perdus. Là, cependant, Sophie peut déverser sans crainte son flot de paroles angoissées. Nous avons emporté son petit Schtroumpf qui lui sert souvent d'intermédiaire. C'est à lui que je m'adresse :

« Il a très mal, le Schtroumpf, il a très peur aussi ! Je le sais. Mais il peut crier, ici dans la montagne il peut crier autant qu'il veut pour que le mal le quitte... »

Et le Schtroumpf hurle. Et cela lui fait du bien. Après une nuit dans un hôtel tout près de l'Aigoual, Sophie va un peu mieux. Les vingt-cinq kilomètres du retour la détendent. Parfois, elle sourit...

Nous glissons, nous glissons avec Sophie.

À nouveau, nous cherchons de l'aide. Peut-être un séjour loin de nous lui ferait-il du bien ? Mais j'ai beau chercher, aucun établissement n'accepte de la recueillir alors que déjà elle dort si peu et s'agite de plus en plus. Finalement, je déniche une famille d'accueil qui se propose de la garder deux fois par semaine... Mais, dès que ces gens découvrent le comportement de Sophie, ils se rétractent.

Est-ce vraiment un mal ? Dans l'état d'agitation où elle se trouve déjà, supporterait-elle vraiment un changement ? Comment savoir ?

Nous demandons au professeur de neurologie, le médecin qui l'a sauvée un an plus tôt, lors de ses crises d'épilepsie, de nous prescrire un traitement. Nous avons confiance en lui... Mais la psychiatrie n'est pas sa spécialité, il ne peut pas vraiment nous aider.

Fin mai, pourtant, Sophie s'apaise un peu. Assez pour que Christian nous propose de l'accompagner pour un week-end à Vence. Elle est d'accord. Mais la veille du départ, l'inquiétude s'installe. L'écholalie reprend de plus belle et, soudain, je me sens à bout de forces.

Depuis juin 1992, à sa sortie de La Pradelle, je n'ai pas cessé de lutter, de vivre l'espoir et la chute, de croire en mille solutions et de les voir, l'une après l'autre, s'anéantir... Pourtant, il semble que nous ayons de quoi lutter, que nous soyons, en quelque sorte, « privilégiés ». Christian est médecin et connaît bien le monde hospitalier. Nous ne sommes pas coincés dans les trois pièces d'une HLM et j'ai pu abandonner toute idée de carrière professionnelle, toute nécessité de travail. Nos autres enfants nous aiment, nous aident, nous soutiennent... Et cependant tout semble impossible. À jamais impossible !

Quelques heures après notre retour de Vence, ce n'est plus la glissade, c'est la chute. Alors qu'elle revient de la mer avec ses sœurs, Sophie se met à hurler et à gesticuler. Je l'emmène immédiatement en voiture mais après moins de dix kilomètres elle entre dans une crise d'une violence inouïe.

Bras, pieds et jambes partent dans tous les sens. J'ai du mal à les esquiver, le pare-brise et les vitres résistent par miracle, les hurlements sont atroces. Cette fois, je suis obligée d'arrêter la voiture avant que nous risquions l'accident. J'en sors comme je peux et appelle au secours. Un passant vient à mon aide, prend le volant et nous raccompagne, tandis que je tente de calmer Sophie à l'arrière.

Le soir, nous sommes sur le qui-vive. Nous n'osons parler ni demander quoi que ce soit à Sophie, de crainte de déclencher une nouvelle crise.

Mais elle arrive le lendemain, inéluctable et plus violente que la veille Tous les objets de la cuisine valsent et explosent au sol. Difficilement nous parvenons à la maîtriser et à la porter sur un lit. Là, son père se couche sur sa poitrine tandis que je dois m'asseoir sur ses jambes. Christian lui parle doucement, longuement, la caresse avec tendresse... Et le calme revient un peu.

Alors recommence l'escalade des anxiolytiques. Le professeur de neurologie nous adresse au Dr L., une psychiatre qui nous a déjà aidés en 1992. Cependant, Sophie refuse de prendre ses drogues. Je n'ose même plus les lui présenter tant cela déclenche sa violence et, si j'insiste, son agressivité. Cette fois, elle me fait peur. Patricia, le matin, parvient encore à lui faire absorber quelques cachets.

Après quelques jours, la gangue chimique produit son effet. Toujours le même, une fausse paix, un pas mal assuré, des paupières lourdes... Mais les moments de violence, sporadiques, continuent. Je n'ose plus rester seule avec Sophie. Par roulement, lorsque Christian n'est pas là, les compagnons de mes filles ou elles-mêmes viennent m'aider.

Les doses de drogues montent. Les effets pervers s'accroissent. Les démons qui vivent dans l'âme de Sophie résistent. Ils sont bien vite les plus forts. Ils la terrassent et nous terrifient. Parfois, nous devons être à trois pour la plaquer au sol et la maintenir ainsi pendant une demi-heure avant que ne vienne le reflux.

Alors que nous croyions connaître toute l'étendue de son mal, jamais encore nous n'avons fait face à un pareil déchaînement. Mais Sophie, comme chaque fois, reste d'une lucidité aussi effrayante que douloureuse.

« Je fais mal aux autres, hurle-t-elle. Je fais mal aux autres !... Excuse-moi, je fais mal aux autres !... Je fais pas exprès, j'ai cassé maman ! Je fais pas exprès ! »

Depuis longtemps, il était prévu que des amis d'enfance de Christian viendraient passer un week-end à la maison. Ce sont des amis proches, toujours à nos côtés pendant les durs moments de la maladie de Sophie. Mais, bien que nous ayons grand besoin d'une présence extérieure et d'un grand bol d'amitié et d'affection pour reprendre notre souffle, il nous est impossible de recevoir tout le monde. Michelle et Guy viennent nous aider et, pendant quarante-huit heures, savent nous distraire un peu de notre détresse. Merveilleux amis !

Dans les jours qui suivent, un après-midi, Sophie me semble un peu apaisée. J'en profite aussitôt pour aller voir Mme Boyer avec elle. Sophie autant que moi avons besoin d'entendre ses conseils, de lui parler, de sentir son calme et son sourire. Hélas, en la quittant ce jour-là, je n'imagine pas une seconde que ce sera notre dernière rencontre. Le lendemain même, cette femme qui, au fil du temps est devenue pour moi une seconde mère, est terrassée par une rupture d'anévrisme.

Je suis hébétée, affolée. J'ai la sensation de plonger dans une solitude sans merci, comme si le seul mur contre lequel je pouvais parfois m'appuyer, reprendre mes esprits et un peu de confiance, s'évanouissait. Tout s'écroule. Tout s'écroule autour de moi.

Il est bien sûr impossible d'apprendre cette mort à Sophie en ce moment. À bout de solution, le Dr L. ajoute un antidépresseur et un somnifère au traitement en cours dans l'espoir que Sophie puisse au moins dormir la nuit. Mais, trois jours plus tard, les drogues provoquent un effet paradoxal : Sophie ne dort plus du tout ! L'antidépresseur l'excite au lieu de l'apaiser...

Maintenant, sans fin, comme une poupée mécanique, elle tourne et tourne et tourne autour de la piscine, une boîte à musique à la main qui joue : *Alouette, gentille alouette*.

Le Dr L. reste à nos côtés, attentive. Mais les solutions s'épuisent. Démunie, sans autre issue, elle propose que Sophie fasse une douzaine de séances de « sismothérapie »...

À ma demande, elle insiste auprès de la clinique pour que je puisse rester nuit et jour près de Sophie afin qu'elle ne soit pas enfermée. Ici, comme ailleurs, aucune surveillance particulière n'existe pour une autiste en crise.

Je me sens m'enfoncer en même temps que Sophie. Tout ce que déjà nous avons vécu se reproduit en pire, en accéléré, avec une violence et une souffrance accrues. Et je ne sais plus comment lutter. Tout ce que je peux faire, c'est ne pas lâcher sa main...

Dans la deuxième semaine de juin, au réveil de la deuxième séance d'électrochocs, Sophie perd tous ses repères. Sa terreur et sa violence sont telles que nous devons nous mettre à cinq pour la maîtriser. Le médecin de la clinique assiste pour la première fois de sa vie à un pareil réveil. Malgré notre réticence, il lui injecte une très forte dose d'un neuroleptique ajouté à des anxiolytiques.

Littéralement clouée au lit par ce cocktail, Sophie dort pendant trois jours... Mais, la quatrième nuit, elle devient pareille à un ressort fou. Sans cesse elle s'assoit sur son lit pour s'y étendre dans les secondes suivantes. J'ai beau m'allonger près d'elle, tenter de la retenir, tous ses muscles sont pris d'une activité folle qu'elle ne peut plus contrôler. Encore un nouvel effet pervers des neuroleptiques que le médecin abandonne aussitôt.

Mais les doses ont été massives : pendant une semaine, Sophie court d'un siège à l'autre, cassée en deux, sans plus aucun sens de l'équilibre, se cognant contre les meubles et les murs... Alors il ne reste plus qu'à reprendre la sismothérapie !

Les séances ont lieu tous les trois jours. Et chaque fois cela se passe de la même manière. Sophie se réveille dans une grande agitation, court dans tous les sens, ne ferme pas l'œil de la nuit et, le lendemain, la fatigue accumulée l'empêche à peine de poursuivre ces courses folles dans les couloirs et les ateliers de la clinique. Le troisième jour s'annonce enfin plus paisible... Mais une nouvelle séance l'attend !

Pendant dix jours, je ne la quitte pas pour lui éviter

d'être enfermée seule. Les après-midi, ses quatre sœurs viennent à tour de rôle me relayer, le temps que je puisse prendre quelque repos.

Un matin, alors que nous sommes toutes les deux dans la chambre close, épuisée, je m'endors. Sophie fait ses besoins sur elle et, avec ses déplacements incessants, en barbouille tout. Dans mon sommeil je perçois la puanteur des excréments, mais je suis incapable de me réveiller et de me lever. Quand j'ouvre les yeux, la chambre n'est plus qu'un cloaque !

Trois fois par jour, Christian passe nous voir. Un soir, il arrive alors que Sophie, totalement prise par ses démons, hurle et hurle à gorge déployée sur le lit où j'essaie de la maîtriser. Il craque.

« Mais pourquoi ? Pourquoi ? C'est pas possible ! Comment tu fais pour supporter ces hurlements ? Moi, je ne peux pas ! C'est pas possible ! Ce n'est pas à nous, ce n'est pas à nous ses parents de supporter ça ! Ce n'est pas à nous de la garder !... »

Du fond de son puits de terreur, Sophie devine le désespoir de son père et ses cris redoublent.

« Laisse-nous, Christian, laisse-nous, rentre à la maison. Je t'appellerai lorsqu'elle sera plus tranquille... »

Qui pourrait garder Sophie à notre place ? Qui ? Personne. Si nous ne le faisons pas, elle sera à nouveau bouclée dans une cellule. Et ça, je ne le veux pas. Je lui ai promis que plus jamais elle ne se retrouverait enfermée et seule.

Fin juin, après une dizaine de séances de sismothérapie, Sophie semble enfin s'apaiser. Elle accepte même de dormir seule. Elle est visiblement épuisée et ne peut plus marcher longtemps. Cependant, au fond de ses yeux cernés, s'ébauche de plus en plus souvent un sourire.

Mes neveux nous invitent en Corse. C'est l'occasion de respirer un peu et Sophie accepte volontiers de partir une semaine. Christian lui-même peut venir avec nous. Qui sait ? Pourquoi pas des « vacances » après un voyage en enfer ?

En vérité, c'est incroyable. Sophie revit, reprend des forces, plonge, rit s'amuse comme la petite fille de douze ans qu'elle fut ! Un curieux rêve où je jouis de la voir dormir ! Des siestes paisibles, des nuits calmes... Quel incroyable cadeau ! Serait-ce la fin du cauchemar ? On n'ose à peine y croire.

Néanmoins, alors même que nous nous réjouissons de cette paix inattendue et des rires de Sophie, je sens Christian de plus en plus lointain. Il est vrai que, depuis des mois et des mois, tout entière vouée à la maladie de Sophie, je l'ai délaissé. Trop sans doute. Maintenant que nous avons enfin assez de paix pour nous soucier un peu de nous, il me semble que quelque chose s'est brisé dans notre couple. Comme une fêlure lointaine qui finit par céder. Depuis toujours, en vérité, la maladie de notre enfant nous a unis tout autant qu'elle nous a séparés...

Quoi qu'il en soit, il doit rentrer pour son travail tandis que nous resterons encore quelques jours. Sophie montre un peu d'inquiétude après le départ de son père mais reprend vite le dessus et son traitement a nettement diminué. Tout au plus est-elle sujette à quelques accès de boulimie. Et c'est bronzée et ravie, en pleine forme, qu'elle revient à la maison.

Sans crier gare, trois jours plus tard, sans que nul ne

puisse en comprendre la raison, une crise s'abat sur elle.

Pourquoi ?

Après ces quelques jours de bonheur, cette rechute est cette fois insupportable et nous anéantit. Christian, la tête entre les mains, comme s'il étouffait, marche de long en large sur la terrasse tandis que les cris de Sophie résonnent à travers la maison.

« Ce n'est pas possible ! Non ! Ce n'est pas possible, ça ne va pas recommencer ! »

« Ça » recommence cependant. Encore une fois nous conduisons Sophie à la clinique et nous devons nous y prendre à cinq pour lui faire une piqûre de Tranxène. Mais ses veines sont à peine perceptibles, personne ne parvient à y enfoncer une aiguille. Christian se couche alors sur Sophie, la tient dans ses bras et, après d'innombrables caresses, finit par apaiser son souffle rauque, râpeux de terreur.

C'est l'impasse. Il est impossible de reprendre si vite des séances de sismothérapie et les neuroleptiques sont impuissants ou néfastes. Alors, le traitement déjà lourd prescrit par le Dr L. est doublé. Sophie, assommée, s'agite un peu moins mais n'en trouve pas le sommeil pour autant.

Nous nous démenons pour obtenir une prise en charge « de jour » à l'hôpital de Lunel où l'on ne nous accorde que trois demi-journées hebdomadaires... De toute manière, avant la fin de la semaine, le traitement du Dr L. est déjà caduc. Mais les effets secondaires, eux, se poursuivent : Sophie a désormais les intestins et la vessie bloqués.

Les hurlements et les courses folles reprennent. Les nuits nous emportent au-delà de l'enfer.

Entre ses cris, Sophie réclame sans cesse Mme Boyer. Après avoir tergiversé, nous sommes obligés de lui annoncer son décès.

« Ah ! Et je fais même mourir les médecins !

— Mais non, ma Sophie ! Ce n'est pas toi qui as fait mourir Mme Boyer. Ni toi, ni aucune des personnes qu'elle soignait. Elle est tombée malade. Tu n'y es pour rien...

— Elle est où Mme Boyer ?

— Au ciel comme tonton.

— Ah ! Elle est au ciel !

— Oui.

— Ah ! Et c'est quoi le ciel ? C'est bien le ciel ?... Et moi ? je vais au ciel, moi ? »

Nous trouvons enfin un éducateur qui, l'après-midi, se relaie avec les sœurs de Sophie. Malgré tout, la vie devient de plus en plus impossible dans la maison. Une tension et une violence sourde sont générées en permanence. À chaque seconde nous respirons la douleur et l'impuissance. Christian, à bout, s'enferme dans son bureau et, par instants, je l'entends frapper du poing contre les murs.

Chaque nuit est une bataille nouvelle. On ne dort plus, on ne mange plus. On se nourrit de peur. Devant nous, devant moi, il n'y a désormais rien d'autre qu'un précipice sans fond.

Une immense solitude commence à m'anesthésier. Je me rends compte que je ne réagis même plus aux hurlements de Sophie. Je baisse les bras, je ne cherche plus à la distraire.

Et puis, un matin, ses hurlements changent. Ils deviennent plus rauques, plus lourds, plus profonds. Comme s'ils venaient du plus loin d'elle-même, emplis d'une rage et d'une terreur nouvelles [1].

« Le ciel ? C'est quoi le ciel ? C'est bien le ciel ?... »

Sa litanie est obsédante. Je l'entraîne dans le jardin. Ses hurlements sont trop inhumains. J'essaie de l'apaiser. Mais, dès que nous revenons dans la maison, les cris reprennent. Christian, la tête entre les mains, hurle à son tour, la somme d'arrêter. Finalement, nous arrivons à lui faire prendre une double dose d'anxiolytique.

Les cris diminuent bientôt. Mais nous sommes tremblants et terrorisés.

Un peu plus tard, nous allons à Mandagout. Pour que Christian retrouve un peu de calme et puisse travailler, nous marchons dans la campagne. Mais Sophie s'échappe. Elle court comme une furie, droit devant elle, et je cours à sa suite, hurlant à mon tour, ne parvenant pas à la rattraper ! Finalement, lorsque j'arrive enfin à agripper son tee-shirt, épuisée et tremblante encore de peur, sans plus pouvoir me maîtriser, je me jette sur elle et bat convulsivement sa poitrine de mes poings.

Nous tombons dans les branches, emmêlées l'une à l'autre. Je reste là, couchée sur elle et son souffle rauque, pleurant d'impuissance une nouvelle fois.

Ça n'est plus possible. Je le sais. Il est impossible de continuer de la sorte mais que faire d'autre ?

Le lendemain, Christian me dit :

« Le pavillon 20 a évolué. Ce n'est plus tout à fait

1. Birger Sellin : *Je suis trop autiste, rien ne peut me sauver je ne crois à rien ni à personne... je ne peux que crier...*, *op. cit.*

le même esprit qu'en 1992. Le personnel a changé. Il faudrait peut-être envisager de...

— Est-ce qu'elle sera enfermée ? »

Pour toute réponse il pousse un long soupir.

Nous en restons là.

Depuis trois jours, je me déplace avec un seau à la main. Sophie ne peut plus uriner mais si, par aventure, elle parvient à se libérer, je suis là avec un verre doseur pour contrôler ce qu'elle a fait ! Ma hantise est qu'elle se bloque trop et qu'il faille la sonder. Pour lui administrer des lavements, je la couche n'importe où, là où je peux l'attraper...

Sans cesse j'appelle Christian à son travail et il ne sait plus que faire ni que dire.

Dans la nuit du 6 août, le sommeil est impossible. Sophie se relève en permanence et hurle. Cela fait maintenant trente-six heures qu'elle n'a plus uriné et c'est une vraie souffrance physique qui s'ajoute à ses terreurs. Malgré les doses invraisemblables d'anxiolytiques, son agitation s'accroît. Au bout de l'épuisement, il nous est de plus en plus difficile de la contrôler comme de nous contrôler nous-mêmes.

Je l'entraîne dans la garrigue derrière la maison et, je ne sais trop comment, parviens à la faire uriner un peu. Puis nous roulons. Chaque matin nous roulons de plus en plus loin, jusqu'à ce que Christian ait quitté la maison.

Au matin du 7 août, l'agitation de Sophie redouble, ses litanies ne cessent plus.

« Et tonton où il est ?... Et Mme Boyer ? Où elle est Mme Boyer ?... Ah ! Au ciel !... Et c'est quoi le ciel ?

C'est bien le ciel ?... Et tonton où il est ? Et je vais au ciel, moi ?... Et Mme Boyer ?... C'est quoi le ciel ?... »

Et encore et encore. Tout en hurlant et jetant des mots, elle court droit devant elle comme si elle voulait ouvrir ce ciel et s'y engloutir...

Je sais que je suis au bout, que je ne peux plus faire face. Mais, pendant qu'elle annonce son écholalie, j'entends sa supplication :

« Maman, pas l'hôpital, Maman, pas l'hôpital !... »

Je revois toute sa lente déchéance. Ma Sophie avalant les cailloux et les étrons du chemin. Ma Sophie brisée, devenue squelette baveux dans un fauteuil roulant...

Non ! Rien de tout cela n'est plus possible.

Pourquoi ? Pourquoi devrait-elle vivre et revivre, année après année cette existence d'horreur perpétuelle ? Pourquoi tant de souffrances ? Pourquoi une vie aussi monstrueuse, sans issue ni espoir, jamais ? Pourquoi attendre qu'une crise d'épilepsie ou qu'une overdose l'étouffe après des mois et des mois de douleur et d'humiliation ?

Non, Sophie n'ira plus derrière les barreaux. Je suis sa mère et il est temps que j'assume jusqu'au bout le fardeau. Il est temps de la soulager. Et si cela doit me conduire, moi, derrière les barreaux, qu'importe. Il y aura au moins une raison, un sens. Et Sophie sera en paix.

Tout, pourvu qu'elle ne souffre plus.

Ce matin-là, au retour de notre promenade hurlante et folle, Christian est parti. C'est Marie-Annick qui nous accueille à la maison.

« Va te reposer, maman. Je vais repartir en voiture avec Sophie.

— Non. Je veux lui donner un bain... »

Sophie est tout à ses litanies, elle s'agite, le bain ne la calme pas.

Je prends deux flacons d'un puissant sédatif et la conduis à la voiture. Nous roulons longtemps. Puis je verse le contenu des deux flacons dans une petite bouteille de grenadine et la fais boire à Sophie.

À nouveau nous roulons. Je lui parle. Je lui parle sans cesse. Je lui tiens la main. Je lui dis combien je l'aime. Je ne m'arrête pas de lui parler, de la caresser jusqu'à ce qu'elle s'éteigne doucement, vers midi, au bout d'un champ de vigne. Alors je me couche sur elle et je pleure.

Le corps sans vie de Sophie allongé sur la banquette arrière de la voiture, je rentre à Montpellier et vais directement me livrer à la police.

Les notes que j'ai prises pendant ces longs mois ayant été saisies par la justice, j'ai écrit ce livre de mémoire. J'ai donc pu commettre des erreurs de détail sur les lieux ou les dates qui ne peuvent en rien altérer la vérité de mon témoignage.

Table

Ce volume a été composé
par Nord-Compo
et achevé d'imprimer en septembre 1998
par **Bussière Camedan Imprimeries**
à Saint-Amand-Montrond (Cher)
pour le compte des éditions Robert Laffont
24, avenue Marceau 75008 Paris

Dépôt légal : avril 1997.
N° d'édition : 39429/02. N° d'impression : 984266/4.
Imprimé en France